Kirchen Bildung Raum

T V Z

Christoph Sigrist / Simon Hofstetter (Hg.)

Kirchen Bildung Raum

Beiträge zu einer aktuellen Debatte

TVZ

Theologischer Verlag Zürich

Bibliografische Informationen der Deutschen Nationalbibliothek
Die Deutsche Nationalbibliothek verzeichnet diese Publikation in der Deutschen
Nationalbibliografie; detaillierte bibliografische Daten sind im Internet über
http://dnb.d-nb.de abrufbar.

Umschlaggestaltung: Simone Ackermann, Zürich

Foto Umschlag: © Felix Gerber, Bern

Druck: ROSCH-BUCH GmbH, Scheßlitz

ISBN 978-3-290-17753-9

Inhaltsverzeichnis

Einführung

Der Kirchenraum kommt in den Blick. Mit dem Blick von aussen auf imposante Kirchen und dem Blick von innen in geheimnisvolle Räume sind in den letzten beiden Jahrzehnten zwei gesellschaftliche Trends in Bezug auf sakrale Bauten aufs Engste verbunden. Einerseits besuchen immer mehr Menschen Kirchenräume. Sie sind trotz des Schwundes an (landes-)kirchlich-institutioneller Anbindung ihrer Mitglieder vermehrt Anziehungsorte im Gemeinwesen und gewinnen an Attraktivität. Kirchenräume sind gefragt. Andererseits fragen immer öfters Besuchende im Kirchenraum nach Sinn und Bedeutung von Bildern, Skulpturen, Inschriften und dem Raum als solchem. Kirchenräume lösen Fragen aus.

Kirchenräume sind gefragt. Besonders Kirchen in historischen Stadtteilen sowie Citykirchen im Zentrum der Städte mit ihren speziellen Angeboten und ihrer besonderen Ausstrahlung weisen – so ist es im gesamten europäischen Kontext feststellbar – denselben Trend auf: Menschen suchen je länger je mehr Kirchenräume während der Wochentage und übers Wochenende auf. Diese oft schleichend wahrgenommene Verschiebung der Nutzung von Kirchen weg vom zentrierten sonntäglichen Gottesdienstbesuch hin zur Wahrnehmung des Raumes in seiner ästhetischen, klanglichen, diffusen und doch atmosphärisch als «sakral» empfundenen und so auch bezeichnenden Ausrichtung während der Wochentage zu allen Tageszeiten stellt Kirchgemeinden und Pfarreien, meist als Eigentümerinnen ihrer Räume, vor vielfältige Herausforderungen. Scheinbar mit hauptsächlicher Dringlichkeit geht es in dieser vor allem in urbanen Gegenden aufbrechenden Problematik von zu vielen Kirchen für zu wenige Kirchenmitglieder besonders um «das Kreuz mit den teuren Kirchen»[1], die eine über einzelne Gemeinden und Pfarreien gemeinsame und vor allem bessere wirtschaftliche Nutzung von Stadtkirchen in den Blick nimmt. Tieferliegend bricht unseres Erachtens in dieser aktuellen Debatte weniger eine ökonomische, denn eine systematisch-theologische

---

1 Vgl. den Artikel mit dem gleichnamigen Titel von Thomas Ribi in: Neue Zürcher Zeitung NZZ vom 31. Mai 2013, 15. Ribi fasst darin die Ergebnisse der Diskussion einer Kommission, bestehend aus Vertreterinnen und Vertretern der reformierten und der katholischen Kirche in der Stadt Zürich und dem Hochbaudepartement der Stadt Zürich, zusammen.

Frage auf, die in der Nutzungsvielfalt mit ihren divergierenden Inhalten aufscheint. Wenn Kirchen, die für den sonntäglichen Gottesdienst nicht mehr gebraucht werden, zu Bestattungsplätzen, Gourmettempeln, Museen, Bibliotheken, Wohnräumen, Begegnungszentren und vielem mehr werden, drängt sich geradezu die Frage nach dem Wesen, den Schwingungen und theologischen Sinngebungen von sakralen Räumen im Allgemeinen und Kirchenräumen im Speziellen mit ihren Möglichkeiten und Grenzen auf. Kirchen sind weder topische Orte, das heisst konkret verortete Garagen, noch utopische Orte, das heisst im Traum verflüchtigte Himmelspforten. Sie sind von Menschen gebauter Glaubenstext. Menschen erleben in Kirchen die Berührung von Himmel und Erde. Diese Spuren der berührenden Begegnung von Himmel und Erde zeichnen sich in das Gemäuer, in die Bilder und Altäre, Fenster und Klänge, Gebetsbücher und in den Kerzenwachs ein. Kirchenräume sind Schatzkammern erbauter und sichtbar gewordener Glaubenserfahrungen. Diese sakralen Schatzkammern haben einen Mehrwert an Wahrheit, der weit über die ökonomische Wirklichkeit hinausgeht und neu gewonnene Einsichten so bewahrheitet, dass sich beim Besuchenden Berührung und Ergriffenheit auslösen. Dieser Mehrwert ist eindeutig christlich konnotiert, gewiss. Er wird jedoch diffus plural wahrgenommen. Stadtkirchen wie auch Kirchen in ländlichen Gegenden werden in einer immer stärker kulturell und religiös ausdifferenzierenden pluralen Gesellschaft von Menschen unterschiedlichster Glaubens- und Lebenshaltung aufgesucht. In einem reformierten Münster in der Schweiz wird insbesondere an Wochenenden nicht nur im Kirchenbank hinter der Säule nach reformierter Tradition zu Gott als himmlischem Vater gebetet. Da wird genauso zu Allah gebetet wie auch zu Adonaj. Vor Kirchenfenstern meditieren Agnostiker und Hörende lauschen den Klängen im Raum und deuten dieses Lauschen als «atheistische Spiritualität». Es geschieht, dass Ortsansässige mit ihrem hinduistischen Glauben Gäste beim Abendmahl nach reformierter Tradition sind. Kirchenräume sind gefragt. Neben dem Versammlungsraum für Gottesdienste gewinnen sie an Attraktivität als Kultur- und Ausstellungsraum, als Tonhalle, auch als interreligiöse Meditations- und Gebetsräume. Als gefragte Räume lösen Kirchen jedoch bei den Aufsuchenden Fragen aus.

Kirchenräume lösen Fragen aus. Wenn Kirchenräume von Menschen unterschiedlichster Denk- und Glaubenshaltungen stärker genutzt werden, werden Fragen zum Raum und seiner Geschichte zu ständigen Begleitern – sowohl bei den Besuchenden als auch bei den Eigentümerinnen. Das Kreuz mit den teuren Kirchen verwandelt sich zum Kreuz mit den fremden und – weit mehr – fremd gewordenen Kirchen.

Zuerst der Blick auf die Besuchenden: Eine der am meisten gestellten Fragen an die Freiwilligen des Präsenzdienstes im Grossmünster Zürich, das sich durch den radikal leeren Raum auszeichnet, lautet: «Ist diese Kirche noch ‹in Betrieb›? Wird sie noch gebraucht?» Daraus lässt sich zugespitzt als grundlegende Herausforderung erkennen: Kirchen werden für Besuchende nicht mehr oder kaum mehr lesbar. Die Notwendigkeit, Kirchenräume als gebauten Text des christlichen Glaubens neu zu erschliessen, wird durch die Zunahme der Attraktivität offensichtlich. Die Ermöglichung der Lesbarkeit von religiösen Bauten, Symbolen und Traditionen ist zu einem schwierigen, komplexen Prozess von meist kirchlich verankerter Bildungsarbeit und unterschiedlichen pädagogischen Konzeptionsschwerpunkten geworden. Eine Kirche will gelesen werden. Paradox genug werden die Bilder aus der biblischen Tradition, die im Hochmittelalter als «biblia pauperum» an Decken und Wänden für die «Armen», die weder lesen noch schreiben konnten, gemalt wurden, heute von in Schreiben und Lesen Gebildeten aufgesucht, ohne dass sie diese «verstehen». Doch nicht nur kunsthistorische Schätze aus der Vergangenheit, sondern auch moderne Kunst im Kirchenraum ist daraufhin angelegt, als «offenes Kunstwerk» den Betrachtenden erschlossen zu werden. Dabei sind Kirchen als Räume für das Erschliessen wie auch Verstehen konstitutiv: Der Betrachtende, sein Prozess des Verstehens, der Akt der Erschliessung, das Betrachtete selbst wie auch der Raum fliessen ineinander zu einem Einsichten und neue Horizonte eröffnenden Raumgeschehen. Verstehen wird räumlich, und der Raum wird dadurch verständlich. Kirchenräume lösen demnach komplexe Raumbeziehungen aus, indem sie die Grenzen von Menschen, Gegenständen und Räumen gleichsam verflüssigen, durchlässig machen und so Raum, Zeit und Materie transzendierende neue Zonen freisetzen. In solchen meist flüchtigen, nicht wirklich machbaren und doch real erfahrbaren Augenblicken erleben Besuchende solch dichte Präsenz, dass sie von Bewegtheit, Schaudern am ganzen Körper und Geistesgegenwart reden.

Kirchenräume so zu erschliessen, kann demnach als geistliche Arbeit verstanden werden, indem sie Spuren der Geistesgegenwart folgt und sie sichtbar macht und dem Besuchenden vor Augen führt. Kirchenräume zu erschliessen ist auch eine diakonische Arbeit, weil sie den Besuchenden dazu verhilft, im Erkennen der gebauten und gemalten Spuren der Geschichte Gottes mit den Menschen ihre eigene Biografie anders zu lesen. Diakonie, verstanden als helfendes Handeln, verhilft dem Menschen, sein Leben anders zu erzählen in der Überzeugung, dass sich im Sprechakt jene performative Kraft verbirgt, die Verhaltensweisen zu transformieren vermag. Durch solch geistlich oder diakonisch interpretierte Raumerschliessungen entstehen innerhalb und ausserhalb von Kirchen Spielräume für Menschen, dank derer sie ihre Lebens- und Glaubensgeschichte durch ihnen überraschend zugespielte Antworten anders schreiben können.

Mit Blick auf die Eigentümerinnen der Kirchenräume, Kirchgemeinden und Pfarreien, wird sich die geistlich-diakonische Raumerschliessung neben der liturgischen, kunsthistorischen, klanglichen, architektonischen und kirchlichen Erschliessungsarbeit als identitätsstiftender Teil der kirchlichen Arbeit in Zukunft noch weit stärker ausweisen müssen. Diese Bildungsarbeit hat sich die Kirchenraumpädagogik als ausdifferenzierter Bereich der kirchlich-pädagogischen Arbeit auf ihre Fahne geschrieben. Diese Bildungsarbeit am und mit dem Kirchenraum erfasst die Arbeit mit interessierten Gruppen in der Kirchgemeinde sowie in der Aus- und Weiterbildung von Freiwilligen und bezahlten Kräften genau gleich wie auch Fragen allfälliger baulicher Umnutzungen von Kirchen. Bildung ist Teil des kirchlichen Auftrages, das Evangelium zu verkünden, und gehört neben Predigt, Liturgie und Diakonie zu den zu verantwortenden kybernetischen Aufgaben von Pfarrpersonen, Sozialdiakonen und -diakoninnen, Sigristen und Sigristinnen, Kirchenbehörden, Kantoren und Kantorinnen und Organisten und Organistinnen sowie ehrenamtlich Engagierten. Für alle Berufsgruppen ist der Kirchenraum konstitutiv für die Erfüllung ihres kirchlichen Auftrags und des Aufbaus von Gemeinde, die über die juristisch festgeschriebene Grösse von ortsansässigen Kirchenmitgliedschaften hinaus geht. Im Erschliessen von Kirchenräumen ereignet sich situativ flüchtig wie beharrlich stetig «Gemeinde», indem Menschen sich um das fest gebaute oder konkret gemalte präsente Wort Gottes scharen und es kopräsentisch als Hörende, Sehende, Tastende, Schmeckende und Riechende durch eine möglichst anregende Auslegung verstehen wollen.

Diese räumliche Ausrichtung des kirchlichen Auftrages auf den Kirchenraum mag für viele Mitarbeitende, Freiwillige und Ehrenamtliche neu sein, ist jedoch aufgrund der Tatsache, dass Kirchenräume in den

Blick kommen, eine notwendige Gewichtung. Mit diesem Perspektivenwechsel hin zum Kirchenraum bricht die grundlegende Frage nach dem Wesen von Kirchenräumen im Unterschied zu anderen Räumen auf. Kirchen sind zunächst einmal Räume. Bildungsarbeit an und mit Kirchenräumen besteht aus einem Konglomerat unterschiedlichster Teildisziplinen aus Kunst, Architektur, Psychologie, Pädagogik, systematischer und praktischer Theologie sowie Diakoniewissenschaft. Kirchenraumpädagogik kongruiert Erkenntnisse aus diesen Wissenschaften zu einem erkenntnisleitenden und die ganze Existenz betreffenden Verständigungsprozess, der Verstand, Herz und Körper aufeinander bezieht und den Menschen in Schwingung mit dem Raum versetzt. Kirchen setzen mithilfe dieser Erschliessungsarbeit gleichsam Räume im Kirchenraum frei, wo Menschen an Leib und Seele erkennen, was nicht auf der Hand liegt und doch unter die Haut geht.

Die in diesem Band vorgestellten Beiträge zeigen je unterschiedliche Zugänge zu diesem komplexen Beziehungsgeschehen von Kirchen, Bildung und Raum. Sie gehen alle vom Kirchenraum als anders und deshalb stimmig wahrgenommenem Ort aus, der grundlegend zu diskutierende Fragstellungen nach helfendem Handeln, theologischem Raumverstehen, praktischer Ausstrahlung, künstlerischer Bearbeitung, raumpsychologischer Gestaltung, konzeptioneller Umsetzung und konkreter Erschliessung als Beiträge zur aktuellen Debatte freisetzt, wie Kirchenräume zu verstehen, zu lesen, zu erschliessen und zu nutzen sind.

Zu den einzelnen Beiträgen im Band:
Vielen der Aufsätze liegen Referate zugrunde, die an einem Symposium mit dem Titel «Bildung und Raum – aktueller denn je» im Herbstsemester 2011 in Bern gehalten wurden und das von 35 Gästen besucht wurde. Ergänzt wurden die Referate durch die Aufsätze von Christoph Sigrist, Dörte Gebhard, Anja Kruysse und Felix Gerber, die das Thema der Tagung auf je verschiedene Weise einsichtig vertiefen und erweitern.

Dieser Aufsatzband führt die Reflexionen über den Kirchenraum weiter, die die Dozentur für Diakoniewissenschaft seit mehreren Jahren als einer der Schwerpunkte ihrer Forschungsarbeit bearbeitet. Nachdem die Frage nach der Macht des Kirchenraumes im Band mit dem Titel «Kirchen Macht Raum. Beiträge zu einer kontroversen Debatte» im Jahr 2010 behandelt wurde, wird jetzt die Bildungsarbeit in und mit Kirchenräumen im Bereich von Forschung und Lehre entfaltet.

Diakonische Bildung ist, so *Christoph Sigrist* in seinem Einleitungsartikel «Diakonische Räume als Bildungsorte», grundlegend «auf Räume angewiesen, in denen Menschen am Rande sich in der Mitte aufhalten dürfen». Gebäude und Räumlichkeiten von Kirchen und kirchlichen Werken, die spezifisch als diakonische Räume fungieren, zeichnen sich insbesondere dadurch aus, dass sie «Heterotopien» (Foucault), d. h. «Gegenorte, Widerlager» sind, die sich den Gesetzmässigkeiten von Gesellschaft und eingeübtem Alltag zuweilen widersetzen: In diesen «Gegenorten» werden trennende Grenzen von Fähigkeiten, sozialer Schicht, Alter, Herkunft und Geschlecht durchlässig und «an die Stelle der Polarisierungen von behindert – nicht behindert und von arm – reich treten Differenzerfahrungen unterschiedlichster Heterogenität».

Diakonische Bildung nun besteht, so Sigrist, wesentlich darin, Menschen, die sich in gesellschaftlichen Randpositionen aufhalten, zur Teilhabe an wesentlichen Vollzügen des gesellschaftlichen Alltags zu befähigen. Dabei sind «die Förderung, Stärkung und Begleitung zur Selbstbestimmung als vorrangiges Ziel des diakonischen Auftrages» zu bestimmen. Die betroffenen Menschen werden mittels diakonischer Bildung «durch Empowerment gestärkt und für ein Lernen motiviert, das praxisorientiert, theoriegebunden und reflektiert sowie im Rahmen von freiwilligem Engagement oder mit Hilfe professioneller Mitarbeitender zur Praxis befähigt». Diakonisches und pädagogisches Handeln stehen so in enger Verbindung.

Dass viele Kirchengemeinden und diakonische Werke mit ihrem sozialen und zugleich bildend-befähigenden Handeln in den meist öffentlich zugänglichen Räumen einen «bildungspolitischen und gesellschaftsrelevanten Beitrag» leisten, führt Sigrist anhand von zwei Praxisbeispielen aus:

Zum Ersten führt er den kürzlich gegründeten Chor von Menschen mit Migrationshintergrund (Asylbewerber/-innen, Sans-Papiers) und Schweizer/-innen an, der regelmässig in Räumen der Zürcher Altstadt probt. Die Initiatorinnen, vier Studentinnen, betonen den verbindenden Wert des gemeinsamen Singens, durch das die unterschiedliche Herkunft für einen Moment ausser Acht steht; sie heben jedoch zugleich hervor, dass dieses Verbindende, das gleichseitige Geben und Nehmen, nur funktionieren kann, wenn «sichere Orte» bestehen, wo die Betroffenen «ihre Freizeit ohne Angst vor Kontrollen verbringen können».

Zum Zweiten geht er auf die Mittagstische des Solidaritätsnetzes Zürich ein. In den Räumlichkeiten einer evang.-ref. Kirchgemeinde sowie einer kath. Pfarrei bieten Freiwillige einen Mittagstisch an, in dessen Rahmen zugleich auch Deutschkurse angeboten werden – im Wissen darum, dass der Erwerb der Sprachkompetenz grundlegende Voraussetzung für die Wahrnehmung von Eigenverantwortung und für Teilhabe an gesellschaftlichen Vollzügen darstellt. Die Kirchgemeinden bieten hierin exemplarisch Raum für die Verbindung des sozialen mit dem bildend-befähigenden Handeln.

Elisabeth Jooß umreisst in ihrem Aufsatz «Heiligung des Raumes – raumtheologische Überlegungen zu einem protestantischen Heiligungsbegriff» Ansätze einer Kirchenraumtheorie, die christliche Glaubenstraditionen mit Elementen der Gegenwartskultur verbindet.

Ausgehend von der Raumsoziologie Martina Löws legt Jooß ihren Ausführungen einen weiten Raumbegriff zugrunde, nach dem Raum als eine «relationale (An-)Ordnung sozialer Güter und Menschen an Orten» verstanden wird. Diese Relationalität des Anordnens verweist darauf, dass Raum nicht bloss statisch, als Summe der baulichen Elemente, konstituiert wird, sondern dass er immer auch durch symbolische Gehalte mit geprägt ist – damit ist neben zeitgenössischen kulturellen Einflüssen insbesondere auch die Orientierung am christlichen Glauben und seiner Schrifttradition angesprochen.

Dabei ist vom Raum nach den biblischen Schriften nie als Grösse an sich die Rede, vielmehr wird, so Jooß, der den Menschen umgebende (Gottes-)Raum immer nur als ein auf Gott bezogener Raum gedacht – wie dieses triadische Verhältnis von Gott, Raum und Mensch je ausgestaltet wird, führt Jooß anhand von drei Aspekten aus:

Zunächst hält die jüdisch-christliche Tradition fest, dass Raum zuallererst immer als von Gott geschaffener und zur Verfügung gestellter Raum zu verstehen ist; diese göttliche Konstitution des Raums markiert stets auch den Beginn eines Beziehungsgeschehens zwischen Gott und Mensch. Sodann wird der Gottesraum als das Irdische transzendierender Raum gestaltet – insbesondere mittels Betonung der Vertikalen wird die unendliche räumliche Überlegenheit Gottes architektonisch widerspiegelt. Schliesslich kann der Raum als Begegnungsraum zwischen Gott und Mensch beschrieben werden. Dabei unterliegt die Form, wie architektonisch diese Begegnung konzipiert ist, je historisch und konfessionell bedingten Ausprägungen.

Jooß lässt ihre Betrachtungen jedoch nicht beim vorfindlichen Raum, beim bereits «Inszenierten», bewenden, sondern fragt nach der «immer wieder neu statthabenden Inszenierung durch den Rezipienten»: in Aufnahme des Faktums, dass jedes Raumempfinden nicht nur vom Vorfindlichen, sondern insbesondere auch von der je individuellen Subjektivität und vom jeweiligen Kontext (persönliche Gestimmtheit, soziale Vorprägung, Tageszeit etc.) abhängig ist, stellt sich die Inszenierungsaufgabe des Kirchenraums je immer neu. «Und so ist ein Kirchenraum nichts, was einfach *ist* – sondern was *wird*.»

In Verbindung dieses zweifachen Vollzugs – des Vollzugs des Bauens (des «Inszenierten») einerseits und des Vollzugs der jeweils aktuellen Nutzung (des «zu Inszenierenden») andererseits – lässt sich nach Jooß aus protestantischer Sicht von einer Heiligung des Raumes sprechen: In beiden Vollzugsformen kommt der «Verweischarakter auf das ursprüngliche Referenzsystem des christlichen Glaubens» bzw. der «in das Gebäude eingeschriebene Transzendenzbezug» zur Geltung.

«Menschen in Kirchenräumen so zu begleiten, dass sie die Symbolsprache der Räume für sich entschlüsseln können und die religiösen Gesten, die diesen Raum zu einem vom Alltag abgegrenzten Raum machen, kennenlernen und ggf. auch nachvollziehen können» – so formuliert *Antje Rösener* in ihrem Beitrag «Bildung und Raum» – Zum Anliegen und den Perspektiven der Kirchenpädagogik in einer multikulturellen Gesellschaft: Eine Standortbestimmung» das Anliegen der Kirchenpädagogik, einer recht jungen Disziplin, die sich seit den 1980er Jahren sowohl aus dem Kontext der Schule als auch aus dem Kontext des Tourismus entwickelt hat und sich seither insbesondere in protestantischen Kreisen steigender Bedeutung und Beachtung erfreut.

Rösener geht eingangs auf die Spannung ein zwischen der weitgehenden Nichtbeachtung der Bedeutung des Kirchenraumes auf Seiten der Reformatoren und dem zunehmenden Interesse an Kirchenräumen in jüngster Zeit. Sie macht dabei beliebt, das rein funktionale Kirchenraumverständnis der Reformatoren als historisch bedingt zu verorten und das steigende Interesse am Kirchenraum bewusst aufzunehmen, um den vielfach religiös wenig gebildeten Gästen Wahrnehmungs- und Deutungshilfen anzubieten, damit sie die dichte Symbolik der Kirchenräume entdecken und für sich aneignen können.

Methodisch nimmt die Kirchenpädagogik, so Rösener, Erkenntnisse der Kunsttheorie auf und versteht sich nicht als traditionelle Belehrungsdidaktik, sondern vielmehr als Ermöglichungsdidaktik: Im Wissen darum, dass Wirklichkeit nicht vorgegeben, sondern erst im Sehen und Interpretieren eines jeden Einzelnen konstruiert wird, geht es in der Kirchenpädagogik darum, Lese- und Verstehensprozesse je individuell anzuregen und zu ermöglichen – in ihrem viergliedrigen didaktischen Gesamtkonzept (Sich sammeln und annähern – Sich einlassen und entdecken – Vertiefen – Ablösen und beenden) kommt diese Funktion der anregenden Moderation prägnant zur Geltung.

Dörte Gebhard weitet in ihrem Beitrag «Relationaler Kirchenraum. Diakonische Herausforderungen an der Pfarrhaustür» den Blick vom Kirchenraum, im engeren Sinn als Sakralraum verstanden, hin zum vorgeprägten Zwischenraum, einem «drinnendraussen», an der Tür eines Pfarrhauses. Die Frage, ob und womit Hilfe suchende Passanten und Passantinnen an der Pfarrhaustüre unterstützt werden sollen oder nicht, beschäftigt Pfarrkapitel und Kirchenpflegen seit Jahren.

Gebhard weist aufgrund ihrer eigenen Pfarramtserfahrungen auf die ambivalenten Begegnungen zwischen Tür und Angel hin, bei denen es nicht bloss um eine kleine Hilfeleistung, sondern in den jeweiligen Gesprächen zuweilen auch «um Wahrheit und Lüge, Vertrauen, Misstrauen, mutwillig zerstörtes Vertrauen, um die Glaubwürdigkeit des Glaubens, um Gerechtigkeit und Barmherzigkeit, um Gott und die Welt» geht, wobei sich die Handlungsweisen der betroffenen Pfarrpersonen je nach sozioökonomischer Beheimatung mitunter markant unterscheiden (so die Erkenntnisse der geschilderten Erfahrungen der undercover tätigen ZEIT-Redakteure).

In diesen für die Pfarrer und Pfarrerinnen ambivalenten Situationen hebt Gebhard hervor, dass es für Pfarrpersonen keine eindeutigen Handlungsmaximen gibt, zumal «die Verweigerung irgendeiner geforderten Hilfe nicht identisch ist mit der Verweigerung der Kommunikation des Evangeliums, [...] und umgekehrt [...] nicht jede Gabe dem praktizierten Gebot der Nächstenliebe [entspricht]». Dagegen betont sie die Bedeutung der Vernetzung und Einbettung der Erstanlaufstelle «Pfarrhaustür» mit weiteren vorhandenen Hilfsmöglichkeiten von Diakonie und

Kirche – «weniger die allgemeine Hilfsbereitschaft und ihre zwangsläufigen Grenzen» seien gefragt, «als vielmehr die Kenntnis und Hinweisfähigkeit auf die für diese andernorts alltäglichen Notlagen vorhandenen,
institutionalisierten Hilfsmöglichkeiten». Dabei ist die Pfarramtstür bloss
«ein Teil des weiten Raumes von Hilfe und ihren Relationen».

Mit dieser Einbettung von Hilfe an der Pfarrhaustür in die weiteren
Hilfsangebote von Diakonie und Kirche wird auch die Bedeutung des
relationalen Raumkonzepts sichtbar: Das relationale Raumkonzept erlaubt es, die Pfarrhaustür als «in das Netz von relational zu fassenden
Hilfsräumen [zu verstehen], an der das Bewusstsein aktiv gepflegt werden muss, dass dieses Netz aus sozialstaatlichen und kirchlichen Angeboten gegenüber früheren Zeiten äusserst tragfähig und engmaschig,
aber dennoch bleibend lückenhaft ist.»

Andreas Vogel hebt in seinem Beitrag «Kunst, Kirche, Raum» die Bedeutung des Themas «Raum» in der zeitgenössischen Kunst hervor. Seit den
politischen und gesellschaftlichen Umwälzungen ab der zweiten Hälfte
des vergangenen Jahrhunderts sei die bislang «selbstverständliche Fokussierung auf Museum und Galerie» im Kunstschaffen hinterfragt worden
und ein Auszug in bzw. geradezu eine Eroberung des öffentlichen
Raums erfolgt. Mit dieser sich verstärkenden Tendenz geht zudem einher, dass nicht nur das Kunstschaffen zunehmend räumlich erfolgt, sondern dass auch Raum selbst thematisiert wird – Kunstschaffende wollen,
dass ihr Werk nicht nur in den engen Grenzen eines Bilderrahmens betrachtet wird, sondern sie wollen, dass ihr Werke den sie umgebenden
Raum «bespielt, vereinnahmt, gelegentlich auflöst, gelegentlich adelt und
behandelt – immer aber mitdenkt und oft auch einbezieht».

Allerdings, so die pointierte und in kunsthistorischen Kreisen kontrovers diskutierte Meinung von Vogel, spielen Kirchen in diesem aktuellen Wirken der Kunstschaffenden kaum eine Rolle; Kunst in Kirchenräumen erscheine bloss (noch) als «Sonderform innerhalb der aktuellen
Kunstwelt». Vogel führt dies auf mehrere Gründe zurück: Zum Ersten
gelte es sich bewusst zu machen, dass bei Kunstschaffenden nach wie
vor das Bild der «jahrhundertealten Beziehung zwischen der Kirche als
Auftraggeber und der Kunst als Auftragsempfängerin» vorherrsche; doch
anstelle zu «dienen» wolle aktuelles Kunstschaffen vielmehr «intervenieren» und «stören», was jedoch, so Vogel, kaum möglich und erwünscht
sei. Zum Zweiten sei von Bedeutung, dass insbesondere jungen Kunst-

schaffenden vermehrt der Zugang zu Religion und sakralen Räumen fehle.

So konstatiert Vogel, dass das Verhältnis von Kunst und Kirche mittlerweile als «teilweise problematisch» bezeichnet werden müsse. Er wünscht sich von den Kirchen weniger «Angst vor einer selbstbewussten, intervenierenden, kontextreflektierenden Kunst» und hingegen mehr «Mut zu unbequemer Auseinandersetzung, Mut zur Frage- und Infragestellung», denn die Gewinnchancen einer solchen Auseinandersetzung seien «für die Kirche immens».

Die Architektin *Martina Guhl* verbindet im Beitrag «Schwingungen des Raumes» ihre beiden Fachdisziplinen und betrachtet Räume im Allgemeinen und Kirchenräume im Speziellen in einer «architektonischen psychoräumlichen» Perspektive. Mit dieser wird versucht, Räume nicht allein bezüglich ihrer geometrischen Eigenheiten und ihrer Ausstattung, sondern auch hinsichtlich ihrer Wirkung auf die Menschen zu erfassen. Denn, so die Prämisse der «architekturpsychologischen Betrachtung» von Martina Guhl, Menschen erfahren Raum «über seine mathematisch messbaren Eigenschaften hinaus! Wir empfinden Raum und schenken ihm eine eigene soziale Qualität.» Dieses Empfinden wiederum hängt sodann von je subjektiven Empfindungen wie der eigenen Stimmung, Erwartungen an den Raum oder vorgeprägten Haltungen gegenüber dem Raum ab.

Für das Verständnis von Wirkung und Wahrnehmung eines Raumes auf und durch den Menschen zieht Guhl verschiedene Raumbegriffe der Raumleibtheorie des Psychiaters Thomas Fuchs heran, mittels derer die Formen «menschlicher Aneignung» von Räumen genauer differenziert werden können.

Auf der Grundlage dieses wirkungsorientierten Verständnisses von Raum betrachtet Guhl nun auch Kirchenräume, die ebenfalls nicht allein als Raumhülle, sondern zugleich in je persönlichen Bezügen als Erfahrungsraum erlebt werden – als Erfahrungsraum, «der in seiner geschichtlichen Dimension sowie in der eigenen Biografie des Individuums eine eigene Bedeutung hat».

Als Spezifikum eines Kirchenraumes erachtet Guhl die Spannung zwischen dessen Funktion als abgeschirmtem Schutzraum einerseits und der Offenheit für alle andererseits: So stellten Kirchenräume zum einen einen «mystischen Überraum» dar, der zugleich «Transzendenz (Mem-

bran) und Grenzziehung (Schutz), Geborgenheit und Abschirmung»
verkörpere; zum anderen verfügten Kirchen – nicht zuletzt als historische Symbolträger und prägende Elemente einer Stadtstruktur und der
damit verbundenen «Wechselwirkung von Raum, Gesellschaft und
Mensch» – über eine «spezifische Öffentlichkeitsdimension». Diese
Spannung mache aus Kirchen einen «Anders-Ort» (Foucault).

Als zweiter Teil des Beitrages ist die Eröffnungsrede der Autorin anlässlich der von ihr ausgeführten Renovation einer Evangelisch-
Methodistischen Kirche in Zürich angefügt. Die Autorin führt darin aus,
wie die «psychoräumliche, theoretische Auseinandersetzung» mit Raum
im Allgemeinen und Kirchenraum im Speziellen in eine Raumsprache
übersetzt werden kann. Anlässlich konkreter Gestaltungselemente des
Umbaus – von der Einrichtung über die Materialauswahl bis zur Konzeption des Übergangs zum Aussenraum – führt sie vor Augen, dass es
beim Umbau nicht allein um «das Hervorholen wunderschöner, alter
Bausubstanz» ging, sondern ebenso sehr um die – im erwähnten Sinne –
«theologischen, philosophischen, psychologischen, kulturellen Fragen,
um Fragen, die einen Raum ausmachen und ihm eine Sprache schenken,
die gelesen und entdeckt werden will.»

Anja Kruysse berichtet in ihrem Beitrag «Berner Pilotkurs für Kirchenführungen: Rundgang in Geschichten» über den Entstehungshintergrund,
die Konzeption und die Durchführung des ersten Kirchenführungskurses in der Schweiz.

Der Kurs «Rundgang in Geschichten» der Reformierten Kirchen
Bern-Jura-Solothurn entstand aus der Verbindung zweier kirchlicher
Projekte: Zum Ersten aus dem Kirchensonntag 2012 mit dem Thema
«Willkommen. Gastfreundschaft in unseren Kirchen», woraus sich in
vielen Kirchgemeinden Freude und Begeisterung für die gastfreundliche
Einrichtung der Kirchengebäude entwickelte, und zum Zweiten aus dem
Projekt «neue Freiwillige», das intendierte, mittels Leuchtturmprojekten
attraktive Möglichkeiten für neue – selbstbestimmte, projekt- und inte-
ressensorientierte – Formen ehrenamtlichen Engagements zu schaffen.
Aus der Schnittmenge der beiden Projekte wurde ein Kursangebot entwickelt, das sich an ehrenamtlich engagierte Personen richtet, die ein
«Flair für Kunsthistorisches mitbringen und mit dem Kirchgemeindele-
ben vertraut sind», und die durch die Ausbildung in die Lage versetzt
werden sollen, «in ihrer eigenen Kirche thematische Rundgänge zu kon-

zipieren und durchzuführen» sowie «religiöse, spirituelle und konfessionelle Inhalte im Rahmen eines Rundgangs zu vermitteln und dazu in einen Dialog zu treten». Methodisch sind die Kurse so konzipiert, dass die Teilnehmenden an sechs Kurstagen u. a. theologische Aspekte des Kirchenbaus, architektonische und kunsthistorische Grundlagen sowie didaktisches Werkzeug vermittelt erhalten, wobei dem Erproben einer persönlichen Form eines Rundganges über den ganzen Kursverlauf grosses Gewicht eingeräumt wird.

Die Erfahrungen der Kursleitenden mit dem Pilotprojekt sind sehr positiv: Sowohl von Seiten der Kirchgemeinden als auch von Seiten von interessierten ehrenamtlich Tätigen stösst der Kurs auf ein grosses Interesse, was sich nicht zuletzt an der bestehenden Warteliste der Kursteilnehmenden zeigt; zudem scheint die vorliegende Kurskonzeption aus Sicht der Kirchgemeinden geeignet zu sein als «Teil der Strategie für eine offene einladende Kirche», die es ermöglicht, «auch einem kirchenferneren Publikum die Kirchen zu zeigen und sowohl über die Architektur und die Geschichte wie auch über religiöse Symbole, Spiritualität, Glaube zu sprechen und mit anderen Ansichten in einen Dialog zu treten».

Zum Abschluss des vorliegenden Bandes nimmt der Betriebsleiter des Berner Münsters, *Felix Gerber*, die Leserin und den Leser mit auf eine schriftliche Kirchenraumführung, in der er den grossen Bogen spannt von den damaligen Bau- und Planungsgrundlagen des Kirchenbaus im Stadtstaat Bern des 15. Jahrhunderts über die Auswirkungen der Reformation auf das Münster bis zu den mannigfachen Nutzungsverschiebungen im heutigen Betrieb des Berner Münsters.

Gerber konturiert zu Beginn seiner Ausführungen die unterschiedlichen Beweggründe des Stadtstaats Bern, die im 15. Jahrhundert zum Bau des Berner Münsters geführt haben. Er sieht sowohl politische (mächtiger Kirchenbau als Macht- und Statussymbol), wirtschaftliche (Zollgebühren zur Kirchenmitfinanzierung) und kirchliche Aspekte (Freiheit Berns durch geografische Distanz zu den Bistümern Konstanz und Lausanne) sowie Elemente der Volksfrömmigkeit, die einen wesentlichen Antrieb zum damaligen Kirchenneubau bildeten.

Sodann weist Gerber auf, wie der damalige Werkmeister Matthäus Ensinger (Sohn des Ulrich von Ensingen) trotz eines beschränkten Budgetrahmens die Grundlage für das beeindruckende Bauwerk legte, das durch die architektonischen Prinzipien der Reduktion (Weglassen u. a.

des Chorumgangs), der Integration (verschiedene Querachsen unter einem Dach) und der Proportion (mehrfache Symmetrien durch bauliche Spiegelungen) sowie durch vielfältige Symbolik und Formensprache (u. a. Lichtführung) besticht.

Von der üppigen Raumausstattung liess die Reformation mit dem Bildersturm von 1528, so Gerber, bloss die Chorfenster, das Chorgewölbe und (mehrheitlich) das Hauptportal unberührt – die meisten übrigen Elemente wurden demontiert oder übermalt und verschwanden.

Im Blick auf heutige Nutzungsformen führt Gerber aus, dass an den rund 1 200 Veranstaltungen, die jährlich im Münster durchgeführt werden, Ansprüche gestellt werden, die zur Bauzeit sowie zu Zeiten der Reformation noch nicht bestanden – so etwa die Anforderungen nach einem beheizten Innenraum, nach bequemer Sitzausstattung sowie nach optimaler Akustik. Mit seiner Erfahrung als Betriebsleiter führt er detailreich aus, wie diese Ansprüche im Rahmen der gegebenen Vorschriften und Möglichkeiten (Denkmalpflege, Praktikabilität, Sicherheitsvorschriften) nicht immer zur allseitigen Zufriedenheit gelöst werden könnten. Insbesondere weist er darauf hin, dass die hohen (ungedeckten) Kosten für den baulichen Unterhalt und die Personalführung einen enttabuisierten Umgang mit den finanziellen Mitteln der Kirchen notwendig macht, damit «seine Nutzung und seine Pflege auch in Zeiten schmerzhaft knapp werdender Mittel sichergestellt werden kann».

Angesichts der brennenden Frage nach den öffentlich zugänglichen, sakralen Räumen und deren Auswirkungen auf die Fragen nach Macht und symbolischer Ausstrahlung nimmt dieser Aufsatzband das nicht weniger drängende Bedürfnis auf, diese Räume auch lesen und verstehen zu können. Führte die Frage nach der Macht von Kirchenräumen dazu, neue Räume zu riskieren, ermöglicht nun die Frage nach der Bildung in Kirchenräumen, diese neuen Räume auch zu verstehen. In Kirchenräumen sind Spuren der Erfahrung von Leben und Glauben eingezeichnet: «Wes das Herz voll ist, des geht der Mund über.» (Lk 6,45) Gibt es etwas Schöneres, als im Kirchenraum stehend anderen zu erzählen, was einem selbst aufgegangen ist?

Zürich/Bern, im Mai 2014
Christoph Sigrist und Simon Hofstetter

Diakonische Räume als Bildungsorte[1]

Christoph Sigrist

1.   Ein Zimmer für sich allein

«Komm zu mir, ja sicher! Und zu dir, ja sicher! Im Gleichschritt, damit wir zwei im ungleichen Schritt den Abschiedsschritt uns vorführen sehn. Bis zum nächsten Mal! Bis wir wiederkommen!» Mit diesem Gedicht César Vallejos (*1892 in Peru – †1938 in Paris) beendeten Aktivistinnen und Aktivisten des ‹Bleiberecht-Kollektivs› zusammen mit Sans-Papiers am 7. Januar 2009 ihre Aktion in der Citykirche ‹Offener St. Jakob› in Zürich.[2] Nachdem die Gruppe schon im Dezember 2007 für einen Tag im Grossmünster Zürich für den menschlicheren Umgang mit Asylsuchenden und Sans-Papiers in Zürich und der Schweiz protestiert hatte, suchte sie ein Jahr später, kurz vor Weihnachten, die Predigerkirche in der Zürcher Altstadt auf und besetzte Raum und Kirchenbank. Im Blitzlicht der Öffentlichkeit forderten die rund 100 Personen das Gespräch mit der Regierung und weiteren politischen Verantwortlichen; Kirchgemeinden und Kirchenleitung vermittelten und standen dazwischen, bisweilen auch zwischen Stühlen und Bänken.[3] Aus diesen beiden ‹Besetzungen› von Kirchenräumen entstand das Solidaritätsnetz Zürich, ein Verbund von Interessierten, Gruppierungen und Kirchgemeinden, die Kirchgemeindehäuser und Pfarreizentren für Mittagstische und Sprachkurse bereitstellen und mit Unterstützungsgeldern öffentliche Podien und eine kleine Koordinationsstelle finanzieren.[4] Im Vorstand des Ver-

---

1   Nachdruck des Aufsatzes «Diakonische Räume als Bildungsorte», in: Klaus Kießling/Heinz Schmidt (Hg.), Diakonisch Menschen bilden. Motivationen – Grundierungen – Impulse, Stuttgart 2014.

2   Vgl. Abschlusserklärung des Bleiberecht-Kollektivs vom 7. Januar 2009, Manuskript, E-Mail-Korrespondenz vom 29. August 2012.

3   Vgl. Philipp Albrecht, Flüchtlinge besetzen für eine Nacht die Predigerkirche, Tages-Anzeiger vom 20. Dezember 2008.

4   Vgl. zur Bewegung des Solidaritätsnetzes in der Schweiz: Andreas Nufer, Wir sind die Schweiz, in: Michael Walther (Hg.), Und es sind Menschen auf der Flucht, Luzern 2005, 5–11; Christoph Sigrist, Der Diakoniebereich – Was tut not?, in: Hans

eins sind die Pfarrerin der Citykirche ‹Offener St. Jakob›, die Sozial-
diakonin einer evangelisch-reformierten Kirchgemeinde sowie Personen
von Projektgruppen und Organisationen wie der christliche Friedens-
dienst als Mitglieder vertreten. Neben Finanzfragen ist es vor allem die
Suche nach Räumen, die einen bei der Erfüllung dieses diakonischen
Auftrags ins Schwitzen bringt.

Für Antje Fetzer gehört die Eröffnung von Teilhabe für ‹Menschen
am Rand› zum Kern des diakonischen Auftrages, und die Bildung ist
ihrer Meinung nach der Schlüssel zu solcher Teilhabe: «Bildung ist eine
diakonische Aufgabe, weil sie den Einzelnen und die Gemeinschaft zur
Teilhabe befähigt. Sie bringt das christliche Menschenbild in Formie-
rungsprozessen zur Geltung und hält lebensdienliche Gemeinschaftsre-
geln in Erinnerung.»[5] Sie sieht in struktureller Hinsicht drei «Gefähr-
dungshorizonte» für den Bildungsbereich: die Fehlsteuerung des Bil-
dungssystems, die Ökonomisierung als Leitparadigma sowie den be-
grenzten milieubezogenen Horizont von Entscheidungsträgern.[6] Dazu
kommt aufgrund meiner Erfahrung in Zürich die Raumfrage als entscheidende Gefährdung hinzu. Bildung als diakonische Aufgabe und
Diakonie als kirchlicher Bildungsauftrag sind konstitutiv auf das Recht
auf ‹Bleibe› bezogen. Was Virginia Woolf in ihrer Untersuchung über
Frauen und Fiktion als Notwendigkeit postulierte, um Geschichten und
Gedichte schreiben zu können, gilt für Nothilfe- und Sozialhilfeempfän-
ger ebenso: Ein Zimmer für sie allein ist es, was Not tut.[7] Auf Woolfs
Erfahrung stützt sich Claudia Rehberger, wenn sie die Schwierigkeiten
von Frauen schildert, sich für ihre Lebensträume Lebensräume zu verschaffen.[8] Was mit Blick auf exkludierende Gesellschaftsprozesse gegenüber Frauen sichtbar wird, gilt als Grundierung für alle benachteiligten
Gruppen und Menschen: Nicht nur Lebensträume, sondern grundlegen-

---

Schmid (Hg.), Angebot der Volkskirchen und Nachfrage des Kirchenvolkes, Ber-
lin/Zürich 2009, 179–190, hier 188f.
5 Antje Fetzer, Bildung in der Perspektive theologischer Anthropologie, in: Heinz
   Schmidt/Helmut Beck (Hg.), Bildung als diakonische Aufgabe. Befähigung – Teilhabe – Gerechtigkeit, Stuttgart 2008, 98–104, hier 98f.
6 A. a. O., 100f.
7 Vgl. Virginia Woolf, Ein Zimmer für sich allein, 19. Aufl., Frankfurt a. M. 2000.
8 Vgl. Claudia Rehberger, Weibliche Lebens(t)räume, in: Jürgen Moltmann/Carmen
   Rivuzumwami (Hg.), Wo ist Gott? Gottesräume – Lebensräume, Neukirchen-Vluyn
   2002, 45–54.

de Rechte auf Leben überhaupt sind schlicht von Lebensräumen abhängig. Die Forderung nach ‹einem Zimmer für sich allein› öffnet unmittelbar die Tür zur Entfaltung der Problematik, dass diakonische Bildung von Menschen auf Räume angewiesen ist, in denen Menschen am Rande sich in der Mitte aufhalten dürfen.

2. Entfaltung

Diakonische Räume als Bildungsorte – dieser Thematik liegt eine bestimmte diakonische Sichtweise des Raumes zugrunde, die im Folgenden durch die Explikation des Aufsatztitels in Grundzügen dargestellt wird.

a. Unter *Diakonie* wird zuerst und primär helfendes, prosoziales Handeln als etwas zutiefst Menschliches verstanden.[9] Die in der kirchlichen und diakonischen Arbeit feststellbare implizite und explizite Überhöhung des diakonischen Tuns gegenüber dem ‹nur› sozialen Handeln wird sowohl durch die Praxis, wonach Christen meist nicht anders als Nicht-Christen helfen, als auch durch den anthropologischen Ansatz unterlaufen, dass Hilfehandeln zum ‹prosozialen Naturell› des Menschen gehört.[10] Helfendes Handeln gehört nicht nur zur kulturellen Fähigkeit, sondern explizit zur Natur des Menschen.[11] Diese auch neurobiologisch unterlegte Einsicht, dass die Fähigkeit, sich empathisch in die Situation von andern einzufühlen,[12] ‹Compassion› zu leben in Gestalt von intimem Mitempfinden, sich von Empfindlichkeiten berühren zu lassen, Mitleid zu emp-

---

9 Vgl. allgemein zum folgenden diakonischen Ansatz: Heinz Rüegger/Christoph Sigrist, Diakonie – eine Einführung. Zur theologischen Begründung helfenden Handelns, Zürich 2011, 29–41.115–129.

10 Sarah Blaffer Hrdy, Mütter und andere. Wie die Evolution uns zu sozialen Wesen gemacht hat, Berlin 2010, 48.

11 Ruth Jahn hält mit Blick in die Tierwelt fest: «Wer hilfsbereit ist, nützt nicht nur andern, sondern auch sich selbst. Deshalb ist kooperatives Verhalten in der Evolutionsgeschichte erfolgreich.» (Ruth Jahn, Survival of the Nicest, in: Unimagazin Zürich 4/2005, 26f., hier 26.)

12 Anika Albert fasst zusammen: «Damit ist die Einsicht, dass der tiefste Grund aller Motivation in dem Streben nach gegenseitiger Akzeptanz und Anerkennung liegt, eine entscheidende Neuentdeckung der Neurobiologie der letzten Jahre.» (Anika Albert, Helfen als Gabe und Gegenseitigkeit, Heidelberg 2010, 191.)

finden und sich für das Recht von anderen einzusetzen,[13] nicht von religiösen Vorgaben abhängig, sondern jedem Menschen eigen ist, führt zu folgenden Erkenntnissen: «Helfen, das muss nicht weiter begründet werden. Das gehört zum Leben dazu.»[14] Der Mensch ist in seiner Grundexistenz ein «responsorisches, ver-antwortliches Wesen»[15]. Er ist grundlegend ein ‹Beziehungswesen›, ausgerichtet auf das Hilfebedürftig- und Helfensbedürftigsein.[16]

Dieser radikale anthropologische Ansatz, dass Hilfe und Hilfemotivationen ein allgemein menschliches Phänomen darstellen, zieht die theologische Konsequenz nach sich, ein durch Jesu Handeln begründetes, helfendes Handeln als Ausdruck christlicher Mitmenschlichkeit schöpfungstheologisch zu deuten. Helfen ist als Fähigkeit anzusehen, die bereits durch die Schöpfung allen Menschen gegeben ist. Helfen ist nicht ein Verhalten, das erst durch Christus oder durch den christlichen Glauben erschlossen worden wäre. Mit Ulrich H. J. Körtner liegt eine grundlegende Plausibilität in der Erkenntnis, dass es kein Gebot des Glaubens

———

13 Vgl. dazu die Ausführungen von Heinz Schmidt zur «Intimität als existentielle Grunderfahrung»: Heinz Schmidt, Diakonisches Lernen. Grundlagen, Kontexte, Motive und Formen, in: Helmut Hanisch/Heinz Schmidt (Hg.), Diakonische Bildung, Heidelberg 2004, 9–28, hier 20–24.

14 Renate Zitt, Bildung und Diakonie, in: Glauben und Lernen, Zeitschrift für theologische Urteilsbildung 1/2003, 69–85, hier 75.

15 «Von der Not des Mitmenschen geht ein Appell aus. Das Ethische beginnt dort, wo jemand diesen Appell in spezifischer Form beantwortet. Der Mensch ist ein verantwortliches Wesen. […] Christliche Ethik ist responsorische Antwort auf die Not des Anderen.» (Christoph Morgenthaler, Der Blick des Anderen, in: Helmut Weiss u. a. (Hg.), Ethik und Praxis des Helfens in verschiedenen Religionen, Neukirchen-Vluyn 2005, 35–51, hier 37.)

16 «Wir hassen zwar mit Recht eine Überlastung durch Helfen, aber wir leiden auch, wenn wir in dieser Hinsicht unterlastet sind. Insofern sind grundsätzlich alle Menschen, zumindest potenziell, lebenslang helfens-bedürftig und daher auf Gelegenheiten angewiesen, dies in Tätigkeitsein umzusetzen; wir brauchen unsere Tagesdosis an Bedeutung für Andere. […] Denn grundsätzlich sind die Menschen ebenso helfensbedürftig wie hilfe-bedürftig, was sie fundamental zu Beziehungswesen macht.» (Klaus Dörner, Leben und sterben, wo ich hingehöre. Dritter Sozialraum und neues Hilfesystem, Neumünster 2007, 116.) Diesen grundlegenden Gedanken vertieft er mit zahlreichen Praxisbeispielen im neusten Buch: Klaus Dörner, Helfensbedürftig. Heimfrei ins Dienstleistungsjahrhundert, Neumünster 2012.

ist, anderen zu helfen, sondern schlicht ein Gebot der Menschlichkeit.[17] Diese Einsicht unterstreicht Hermann Steinkamp mit Blick auf die Compassion, wenn er konstatiert, dass diese «kein christliches ‹Sondergut› ist, sondern ein ‹Geschenk des Himmels› an alle Menschen, ‹die guten Willens sind»[18].

Es können aufgrund dieses Ansatzes zwei verschiedene Aspekte helfenden Handelns unterschieden werden. Auf der einen Seite kann von einem intuitiven wirksamen Reflex gesprochen werden, der auf die wahrgenommene Not mit Einfühlsamkeit und Hilfsbereitschaft reagiert. Ralf Hoburg nennt diesen Reflex einen «anthropologische[n] Grundimpuls»[19]. Diese Fähigkeiten sind im Menschen angelegt, sind durch Erziehung und Bildung zu fördern und Bestandteil des Reifungsprozesses. Denn es ist ja nicht zu übersehen, dass nicht alle Menschen guten Willens sind. Auf der anderen Seite kann helfendes Handeln als reflektierte, fundierte und differenzierte Begründung in philosophischer, theologischer und religiöser oder weltanschaulicher Perspektive gedeutet werden: Wie ist die wahrgenommene Not zu verstehen, und wie ist ihr gegenüber angemessen zu reagieren?

Christliche Theologie deutet im Horizont einer pluralen Gesellschaft helfendes und solidarisches Handeln in der Grundüberzeugung, dass Gott, der Schöpfer der Welt, Liebe in Person ist (1Joh 4,16). Gott liebt alles, was er geschaffen hat (Weisheit 11,24). Aus dieser indikativischen

---

17 «Hilfsbedürftigkeit und Hilfsbereitschaft sind […] allgemein menschliche Phänomene, kein christliches Spezifikum. Ein Mensch, der in Not gerät, fragt nicht danach, ob ihm aus christlicher, aus islamischer, buddhistischer oder aus einer säkularhumanistischen Motivation geholfen wird. Und umgekehrt ist es nicht allein ein Gebot des Glaubens, sondern schlicht der Menschlichkeit, anderen zu helfen.» (Ulrich H. J. Körtner, Ethik im Krankenhaus. Diakonie – Seelsorge – Medizin, Göttingen 2007, 26.)

18 Vgl. Hermann Steinkamp, Compassion als diakonische Basiskompetenz, in: Volker Herrmann (Hg.), Diakonische Bildung, Darmstadt 2008, 25–36, hier 36.

19 «Helfen lässt sich als Akt des sozialen Handelns mit einem anthropologischen Grundimpuls vergleichen, der sich als Reflex oder Intuition aus der Unmittelbarkeit einer Situation ergibt, die als Not wahrgenommen wird. Insofern ist es möglich, die Tätigkeit des Helfens als eine Primärhandlung zu beschreiben, die nicht unmittelbar während der Handlung vom Handelnden selbst auf seine Intention bzw. Gründe reflektiert wird. Helfen geschieht in der Regel spontan.» (Ralf Hoburg, Der religiöse Grund des Helfens, in: ders. (Hg.), Theologie der helfenden Berufe, Stuttgart 2008, 168–180, hier 168.)

Aussage, dass Gottes Wesen Liebe ist, ergibt sich der Appell an den Menschen, im Leben und Glauben dieser Liebe zu entsprechen. Der christliche Glaube geht folgerichtig davon aus, dass die Fähigkeit des Menschen, zu lieben, Ausdruck der Gottebenbildlichkeit ist (Gen 1,27). Prosoziales Handeln als Ausdruck der Liebe kann als schöpferische Auswirkung dieser Gottebenbildlichkeit und deshalb als Widerspiegelung der Liebe Gottes selber verstanden werden.

Diese Gottebenbildlichkeit kann nach Thomas Erne mit dem Begriff der Menschenwürde genauer gefasst werden; er macht diesen theologischen Bezug der «Würde weder an einer Eigenschaft noch an der sozialen Anerkennung fest, sondern sieht die Würde eines jeden Menschen darin begründet, dass Gott ihn [d. h. den Menschen, C. S.] in die verantwortliche Gemeinschaft mit ihm beruft»[20]. Nicht-Christen wie Atheisten als Teil solch verantwortlicher Gemeinschaft können in ihrem Engagement für die Menschenwürde eine Haltung zeigen, die aus christlicher Sicht als Ausdruck und Auswirkung der Liebe Gottes als des Schöpfers zu seinen Geschöpfen gedeutet wird, auch wenn diese aus ihren eigenen Deutungshorizonten nie so argumentieren würden und explizit die «transzendentale-relationale Begründung der Menschenwürde im Anruf und Auftrag Gottes»[21] ablehnen.

Wie auch immer der normative und ethische Anspruch zur Hilfe begründet wird, mit Emmanuel Lévinas kann im Primat des Blickes des Anderen die grundlegende Relationalität im Hilfehandeln begründet werden.[22] Diakonie als helfendes Handeln ist Antwort auf den Ruf des Anderen und somit ver*antwortet*es Handeln gegenüber seinem Antlitz in dreifacher Hinsicht: Erstens kann sich nach Lévinas der Mensch diesem «Antlitz» mit seiner «runzlige[n] Haut» und durch seinen «Schrei» nicht entziehen.[23] Zweitens sind im Angesicht des Anderen Spuren des Un-

---

20 Thomas Erne, Bildungskonzepte im Widerstreit, in: Schmidt/Beck, Bildung als diakonische Aufgabe., 128–135, hier 134.

21 A. a. O., 134.

22 Lévinas hat diese elementare Vorrangstellung des menschlichen Antlitz' immer wieder formuliert: Emmanuel Lévinas, Totalität und Unendlichkeit, Freiburg i. Br. 1987, 280–289; ders., Die Spur des Anderen, München 1983, 209–235.

23 «Ich kann mich dem Antlitz des Anderen in seiner Nacktheit ohne jede Zuflucht nicht entsagen: In der Nacktheit eines im Stich Gelassenen, die durch die Risse hindurch leuchtet, welche die Maske der Person oder seine runzlige Haut zerfurchen, in seiner ‹Zufluchtslosigkeit›, die man als Schrei vernehmen muss, der schon zu Gott

endlichen in seiner Präsenz und Entzogenheit zugleich abzulesen. Deshalb gilt, wer der göttlichen Spur folgen möchte, soll «auf die Anderen zugehen, die sich in der Spur halten»[24]. Und drittens schafft dieser Blick einen Raum, einen diakonischen Raum, wo diese konsequente dialogische Humanität des Menschlichen erfahrbar wird.

b. Wie können solche *diakonische Räume* beschrieben werden? Es sind Räume, in denen Menschen den Anderen, der anklopft, hereinbitten. Diakonisch sind sie deshalb, weil solch christliches Hilfehandeln zugunsten notleidender Menschen geschieht. Es ist das Verdienst von Johannes Degen, dass mit Blick auf die Selbstverantwortung des Anderen die Förderung, Stärkung und Begleitung zur Selbstbestimmung als vorrangiges Ziel des diakonischen Auftrages bestimmt wird. Statt Fürsorge für den Anderen gilt jetzt die Assistenz mit dem Anderen zusammen, eine Assistenz, die inkludierende Kräfte bei Helfenden wie Hilfebedürftigen auslöst.[25] Unterschiedliches Potenzial und individuelle Möglichkeiten der durch den Ausschluss von Teilhabe und wechselseitiger Abhängigkeit exkludierten Menschen werden dadurch gestärkt. Es gilt nicht, sozial, kulturell oder politisch marginalisierte Gruppen von ‹draussen› den Weg zu eigentlichen Gesellschaft ‹drinnen› zu eröffnen. Vielmehr gehören die ‹draussen› schon immer zu denen ‹drinnen›, ihre Begleitung und Unterstützung hat unter dem Gesichtspunkt ihrer Zugehörigkeit mit ihren Möglichkeiten und Fähigkeiten zu geschehen.[26] Diese inkludierende Kraft zieht Helfende wie Hilfeempfangende in «heterologische Räum-

---

hin geschrien ist […].» (Lévinas, Gott und die Philosophie, in: Bernhard Casper (Hg.), Gott nennen. Phänomenologische Zugänge, Freiburg i. Br. 1981, 81–123, hier 112.)

24 Lévinas, Spur des Anderen, 235.

25 «Helfendes Handeln nimmt […] seinen Ausgang bei dem Gegenüber, sieht dessen jeweilige Fähigkeiten als das wichtigste Kapital an, denkt gross von der Würde und Selbstverantwortung des Anderen, und zwar, um es noch einmal zu unterstreichen, unabhängig von Behinderung und Krankheit, Verrücktheit und Unfähigkeiten mannigfaltigster Art. Selbstbestimmung zu ermöglichen, zu begleiten, zu fördern und zu stärken – dies muss ein vorrangiger Zielwert für das Handeln von Diakonie und Caritas werden.» (Johannes Degen, Freiheit und Profil, Gütersloh 2003, 61 f.)

26 Vgl. zur Problematik des gleichzeitig ‹Drinnen›- und ‹Draussen›-Seins: Martin Kronauer, Exklusion. Die Gefährdung des Sozialen im hoch entwickelten Kapitalismus, Frankfurt/New York 2002, 146–150.

lichkeiten»[27]; das heisst in heterogene diakonische Räume, wo Platz für ein Miteinander unterschiedlichster Minderheiten geschaffen und die Vielfalt von Potenzialen aller ins Spiel gebracht wird, um Diskriminierung, Marginalisierung, Benachteiligungen und Ausgrenzungen abzubauen. Für viele ist deshalb der Begriff ‹Helfen›, bei dem im Volksmund nach wie vor Opfer- und Helferrollen mittransportiert werden, angesichts des Handelns auf gleicher Augenhöhe nicht verwendbar.

Unter Bezugnahme auf Michel Foucaults Begrifflichkeit können solche diakonische Räume als ‹Heterotopien› helfenden Handelns umschrieben werden, als reale Räume, die gleichsam Gegenorte, Widerlager darstellen.[28] Sie repräsentieren die wirklichen Orte des Helfens, als ‹Andersorte› anders gestimmte und anders konstituierte Orte. Heterotopien stellen Orte des Helfens in Frage und verkehren sie bisweilen ins Gegenteil. Folgende Merkmale zeichnen diese Heterotopien aus:

–   Diakonische Räume repräsentieren das ‹prosoziale Naturell› des Menschen, zugleich hilfe- wie helfensbedürftig zu sein.
–   Diakonische Räume sind gleich einer Ellipse durch zwei Brennpunkte konstituiert: der Vorrang des Anderen in seiner Andersheit (Alterität) und Differenz (Heterogenität) auf der einen Seite, der Transzendenzbezug des Helfens auf der anderen Seite. Nicht meine spontane und menschliche Reaktionsfähigkeit begründet meine Hilfeleistung, sondern der Blick des Anderen, in dem aus der Perspektive des christlichen Glaubens Christus begegnet und in Christus Gott mit seiner schöpferischen Kraft, traut mir Hilfe zu.
–   Diakonische Räume legen an einem Ort verschiedene Lebensräume zusammen, die an sich unvereinbar sind. Dadurch unterliegt das Hilfehandeln einem Veränderungsprozess, der die einzelnen Qualitäten unterschiedlicher Lebenswelten auseinanderhält, ohne die Beziehung zueinander trennen zu müssen. Selbstbestimmung und Assistenz sind Leitwerte helfenden Handelns, Begleitung ist die entsprechende Grundhaltung.

---

27 Kathrin Busch, Kraft der Räume, in: Thomas Erne/Peter Schütz (Hg.), Die Religion des Raumes und die Räumlichkeit der Religion, Göttingen 2010, 53–65, hier 56.
28 Vgl. zum Begriff: Michel Foucault, Von anderen Räumen, in: Jörg Dünne/Stephan Günzel (Hg.), Raumtheorie, Frankfurt a. M. 2006, 317–329.

- Diakonische Räume mit ihren inkludierenden Kräften lassen
  Grenzen durchlässig werden und machen so der Gleichzeitigkeit
  von «draussen» und «drinnen» Platz. An die Stelle der Polarisierungen von behindert – nichtbehindert und von arm – reich treten Differenzerfahrungen unterschiedlichster Heterogenität.
- Diakonische Räume haben eine innerhalb der Gesellschaft fest-
  gelegte Funktion: Sie werden und sollen als Zeichen einer Vision
  (Utopie) von Gesellschaft, die Armut und Ausgrenzung abbaut,
  wahr- und in Anspruch genommen werden.

c. Werden Räume zu solchen Zeichen diakonischer Arbeit, dann werden
Menschen in diesen Räumen für diesen diakonischen Auftrag aus- und
weitergebildet. Das Thema der diakonischen Bildung ist aktuell und breit
diskutiert.[29] Nach Renate Zitt sind soziales Verhalten und existenzielle
Grundlagen so aufeinander zu beziehen, dass diakonisch-soziale Lern-
und Bildungsprozesse von unterschiedlichen Erfahrungsdimensionen
und Praxiskontexten auszugehen haben.[30] Jürgen Gohde betont das
Diakonische in der Interdisziplinarität diakonischer Bildungsarbeit.[31]
Silke Köser unterscheidet vier verschiedene Aspekte diakonischer Bildung, wobei die Bildungsarbeit als Eröffnung von Teilhabe für unsere
Fragestellung besonders aufschlussreich ist.[32] Nach Thomas Erne hat die
Bildung folgerichtig ihren systematischen Ort zwischen Verteilungs- und
Teilhabegerechtigkeit, indem Befähigungsarbeit als Weg aus der Armut
zur Teilhabe aller am gesellschaftlichen Leben führt.[33] Daran anschliessend sieht das Positionspapier des Diakonischen Werkes Deutschland
jüngst die Herausforderung für diakonisches Bildungshandeln in der

---

29 Vgl. dazu die Aufsatzbände und Positionspapiere: Hanisch/Schmidt, Diakonische
    Bildung; Schmidt/Beck, Bildung als diakonische Aufgabe; Johannes Eurich/Chris-
    tian Oelschlägel (Hg.), Diakonie und Bildung, Stuttgart 2008; Herrmann, Diakoni-
    sche Bildung; Diakonisches Werk der Evangelischen Kirche in Deutschland, Diako-
    nie und Bildung, Stuttgart 2010.
30 Zitt, Bildung, 69.
31 Jürgen Gohde, Programmatisches Grusswort zur diakonischen Bildung: Bildung
    heisst Verantwortung übernehmen können, in: Herrmann, Diakonische Bildung, 17–
    23, 21.
32 Silke Köser, Teilhabe eröffnen. Schwerpunkte diakonischer Bildung, in: Schmidt/
    Beck, Bildung als diakonische Aufgabe, 77–87, hier 77f.
33 Erne, Bildungskonzepte, 130.

Inklusion bei Armut, Menschen mit Behinderung, Migration und Gender.[34] Christoph Schneider-Harpprecht skizziert mit diesem Ansatz als Grundierung idealtypische Aspekte des diakonischen Bildungsprozesses, die sozial- und ökonomisch ausgeschlossene Menschen in den Blick nehmen und sich der Begegnung mit ihnen öffnen. Der Gegenstand diakonischer Bildung ist die Diakonie als helfendes Handeln der Kirche und Gesellschaft: Menschen werden durch partizipative Prozesse, durch Empowerment gestärkt und für ein Lernen motiviert, das praxisorientiert, theoriegebunden und reflektiert sowie im Rahmen von freiwilligem Engagement oder mit Hilfe professioneller Mitarbeitender zur Praxis befähigt: Diakonische Bildung ist mehrdimensional. Im sozialen System der christlichen Gemeinde verankert, zielt sie auf die Gestaltung des Sozialen in der Gesellschaft und auf eine Beteiligung an der politischen Kultur.[35]

Dieses Verständnis orientiert sich am Begriff von diakonischer Bildung, wie ihn Heinz Schmidt und Renate Zitt als Profil diakonischer Bildung definieren: «Bildung vollzieht sich heute als reflexive Vermittlung subjektiver Erfahrung in einzelnen Lebensbereichen mit den pluralen gesellschaftlich-kulturellen Kommunikationen, nicht mehr als bloss subjektive Aneignung gesellschaftlich anerkannter Kulturgegenstände. Diakonische Bildung besteht demnach in einer sinn- und wertorientierten reflexiven Durchdringung diakonisch-sozialer Handlungsfelder und Herausforderungen unter Beachtung ihrer Vermittelbarkeit in gesellschaftlichen Diskursen.» Sie beschreiben diese Bildungsarbeit mit «kontextuellem Lernen», das sich vollzieht «als begleitete, handlungs- und reflexionsorientierte Begegnung mit Menschen in Notlagen, in Situationen des Helfens und der Hilfebedürftigkeit, und mit kulturellen, institutionellen und gesellschaftlichen Prägungen diakonisch-sozialer Arbeit»[36].

d. Dieses kontextuelle Lernen verortet sich in Begegnungen mit Menschen in Notlagen. Die enge Verbindung von diakonischem und pädagogischem Auftrag wird in qualifizierten und qualifizierenden *Bildungsor-*

---

34 Diakonisches Werk der Evangelischen Kirchen in Deutschland, Diakonie, 12–15.
35 Christoph Schneider-Harpprecht, Diakonische Bildung als Befähigung zur Teilhabe, in: Schmidt/Beck, Bildung als diakonische Aufgabe, 119–127, hier 120f.127.
36 Heinz Schmidt/Renate Zitt, Fürs Leben lernen: Diakonisches Lernen – diakonische Bildung, in: Hanisch/Schmidt, Diakonische Bildung, 56–75, hier 68.

ten gleichsam ver*räumt*. Zwischen Raum und Ort ist zu unterscheiden. Räume sind lokalisierbar an Orten, die konkret benannt und geografisch positioniert werden können. Räume entstehen durch Handeln und Verhandeln, Ordnungen und Anordnungen. Solch konstituierte Räume bilden einzigartige Orte, wo die reale und symbolische Wirkkraft kontextueller Lernkultur Raum bekommt und so sichtbar wird.[37] Kirchliche Räume eignen sich ausgezeichnet als solche Bildungsorte. Diese Einsicht wird durch historische Anstösse unterlegt.[38]

In der Tat zeigt der Blick auf das Geschehen in den Städten Zürich und Genf in reformatorischer Zeit überaus deutlich, dass solche diakonische Bildungsprozesse konstitutiv auf ihre Verortung im sozialen Raum der Gesellschaft angewiesen und deshalb auch zum Teil heftig umstritten sind. An der ersten Almosenordnung in der Eidgenossenschaft, die am 15. Januar 1525 in Zürich als städtischer Erlass in Kraft gesetzt wurde, wirkte der Reformator Huldrych Zwingli mit. Die Ordnung regelte das Betteleiwesen und unterschied zwischen selbstverschuldeter und unverschuldeter Armut. Klosterräume wurden in Spitäler und Herbergen umfunktioniert, vor der Predigerkirche entstand die erste ‹Stadtküche› für Verarmte, der sogenannte ‹Mushafen›, eine gemeinsame Truhe mit Geld, Listen der Verarmten und Urkunden wurde errichtet. Vor und nach Gottesdiensten wurde im Kirchenraum die aktuelle Situation angesprochen, und es wurden Hilfemassnahmen beschlossen. Dazu war die Stadt in sieben Kirchenbezirke aufgeteilt. Ein Mittel der Armutsbekämpfung war die Verteilung wie auch Entlastung diakonischer Orte: Ein Bettler sollte nur einmal pro Tag eine Mahlzeit an einem Ort bekommen. In jeder Schule wurde angeordnet, dass nur acht Kinder aus dem Gebiet der Stadt Almosen bekommen dürfen. Fremde Bettler durften nur eine Nacht in der Stadt verweilen, Gassen und Strassen wurden bettelfrei, Bettelei grundsätzlich verboten und Vergehen mit Almosenentzug bestraft. Kirchgemeinden in der Umgebung der Stadt wurden aufgefordert, ihrerseits Räume und Institutionen für Obdachlose und Verarmte einzu-

---

37 Vgl. zur Unterscheidung von Raum und Ort: Sergej Stoetzer, Ort, Identität, Materialität – soziologische Raumkonzepte, in: Erne/Schütz, Die Religion des Raumes, 87–103, hier 97f.

38 Einen schönen Überblick, vor allem auf Deutschland fokussiert, geben Schmidt/Zitt, Leben, 58–61.

richten.[39] Die soziale Reform ergänzte der Reformator Jean Calvin in Genf mit Arbeitsbeschaffungsprojekten und Berufsausbildungsprogrammen für Arbeitslose als zweites Mittel zur Bekämpfung von Armut. Dank der Genfer Pfarrerschaft unter Vorsitz Calvins vermied man zudem Streiks im Druckereigewerbe.[40] Deutlich muss festgehalten werden: Hier entstand ein Verständnis von Armut, das die Armen als pädagogisches Objekt von Sozialdisziplinierung und nicht als Subjekt reflexiver Lebensvermittlung wahrnahm. Aus Bedürftigen, die in der mittelalterlichen Heilsökonomie immer noch ein Stück Würde bewahren konnten, wurden anhand von Zeichen öffentlich stigmatisierte Arme, die in Gefängnissen zu Fleiss und Arbeitsamkeit erzogen werden sollten. Die soziale Reform weitete sich in eine zunehmend totale Sozialkontrolle aus.[41] Trotz allem sind jedoch solch historische Anstösse erhellend, wenn «anregende Lernlandschaften»[42] oder «qualifizierende Lernorte»[43] mit den dazu gehörenden «Strukturelementen sozial-diakonischer Bildungsprozesse[n]»[44] skizziert werden.

e. *Diakonische Räume als Bildungsorte* weisen sich, so kann zusammenfassend festgehalten werden, durch ihre optionalen, sozialen und potenzialen Qualitäten aus. Sie lokalisieren sich an Orten und wählen Brennpunk-

---

39 Vgl. zur Almosenordnung: Theodor Strohm/Michael Klein, Die Entstehung einer sozialen Ordnung Europas, Bd. 2. Europäische Ordnungen zur Reform der Armenpflege im 16. Jahrhundert, Heidelberg 2004, 100–107.

40 Vgl. dazu: Frank Jehle, Du darfst kein riesiges Maul sein, das alles gierig in sich hineinfrisst und verschlingt. Freiburger Vorlesungen über die Wirtschaftsethik der Reformatoren Luther, Zwingli und Calvin, Basel 1996, 80f.

41 Vgl. zur Einschätzung: Michael Klein, Der Beitrag der protestantischen Theologie zur Wohlfahrtstätigkeit im 16. Jahrhundert, in: Theodor Strohm/Michael Klein (Hg.), Die Entstehung einer sozialen Ordnung Europas, Bd. 1. Historische Studien und exemplarische Beiträge zur Sozialreform im 16. Jahrhundert, Heidelberg 2004, 146–179, hier 160–166.

42 Heinz Schmidt braucht diesen Begriff im Rahmen der Schule: Heinz Schmidt, Diakonische Bildung als Konstruktion von Wissen und Werten. Didaktische Anregungen aus konstruktivistischer Sicht, in: Herrmann, Diakonische Bildung, 37–48, hier 48.

43 Theodor Strohm: Gemeindebildung in der «Wissensgesellschaft» – Herausforderungen, Chancen, Aufgaben, in: Eurich/Oelschlägel, Diakonie und Bildung, 278–292, hier 292.

44 Für Renate Zitt und Heinz Schmidt gehört zu einem Element die Analyse des Raumes, worin diakonische Bildung stattfindet: Vgl. Schmidt/Zitt, Leben, 71.

te aus, wo die Teilnahme und Teilgabe[45] im gesellschaftlichen Leben in Gefahr steht oder gänzlich unterbunden wird. Sie ermöglichen eine soziale Lernkultur nicht für, sondern mit Betroffenen durch eine mehrdimensionale Beziehungsstruktur, die die Würde von Lernenden und Lehrenden, ihre Selbstbestimmung und Entfaltung im Bildungsprozess achtet und fördert (sozial). Diakonische Räume können schliesslich als potenzielle Räume interpretiert werden,[46] als Spielräume mit kreativem Potenzial, das die komplexen Abhängigkeiten zwischen Nehmenden und Gebenden zugunsten der Reifung von Persönlichkeit und Autonomie wendet. Solche Räume entstehen nicht nur an kirchlichen Adressen. Ortskirchen wie kirchliche Orte sind jedoch dafür prädestiniert, denn sie sind nicht nur Zeichen der sichtbaren öffentlichen Religion,[47] sondern auch der öffentlichen Hilfekultur. Kirchen, Kirchgemeindehäuser und Pfarrhäuser wecken die Erwartung, dass an diesen Orten geholfen wird. Nicht zuletzt auch durch die Citykirchenarbeit ist seit Beginn der 90er Jahre in theologischen und kirchlichen Fachkreisen das Interesse am Kirchenraum gestiegen.[48] Kunst und Kirche, Klang und Kirche, Tourismus und Kirche haben Fragen nach Bildungsarbeit und Kirchenraumerschliessung in den Vordergrund gerückt.[49] Erste Anstösse für eine

---

45 Vgl. zur Einführung des Begriffs der Teilgabe: Klaus Dörner, Helfensbedürftig. Heimfrei ins Dienstleistungsjahrhundert, Neumünster 2012, 52; Ulf Liedke, Menschen. Leben. Vielfalt, in: PTh 3/2012, 77; Andreas Lob-Hüdepohl, Vielfältige Teilhabe als Menschenrecht, in: Holger Wittig-Koppe u. a. (Hg.), Teilhabe in Zeiten verschärfter Ausgrenzung?, Neumünster 2010, 20f.

46 Vgl. zu den potenziellen Räumen: Donald W. Winnicott, Vom Spiel zur Kreativität, 12. Aufl., Stuttgart 2010, 121–127.

47 Vgl. zur Kirche als öffentliches Zeichen für die Religion: Thomas Erne, Grundwissen Christentum Kirchenbau, in: Erne/Schütz, Die Religion des Raumes, 181–199, hier 185f.

48 Vgl. dazu: Friedrich Brandi-Hinrichs/Annegret Reitz-Dinse/Wolfgang Grünberg (Hg.), Räume riskieren. Reflexion, Gestaltung und Theorie in evangelischer Perspektive (Kirche in der Stadt 11), Schenefeld 2003. Weiter: Erne/Schütz, Die Religion des Raumes; Tobias Woydack, Der räumliche Gott (Kirche in der Stadt 13), Schenefeld 2005; Elisabeth Jooß, Raum. Eine theologische Position, Gütersloh 2005; Christoph Sigrist (Hg.), Kirchen Macht Raum, Zürich 2010.

49 Vgl. dazu: Roland Degen/Inge Hansen (Hg.), Lernort Kirchenraum. Erfahrungen – Einsichten – Anregungen, Münster u. a. 1998; Birgit Neumann/Antje Rösener, Kirchenpädagogik, 4. Aufl., Gütersloh 2009. Klaus Raschzok hat verschiedentlich zur ‹geistlichen Raumerschliessung› geschrieben, unter anderen zusammenfassend in

explizite diakonische Erschliessung des Kirchenraumes als Möglichkeit von Um- und Neunutzungsprozessen sind erfolgt.[50]

Kirchgemeinden und Pfarreien entdecken sich zusammen mit anderen Institutionen, Initiativen und Vereinen neu als Mitspielerinnen im sogenannten dritten Sozialraum von Nachbarschaft und Stadtteil.[51] Sie arbeiten und *bilden* mit ihren Potenzialen von Räumen an bester Lage, einem effizienten Freiwilligennetz und der Anwendung des christlichen Menschenbildes. Kirchen mit ihrem diakonischen Auftrag wie auch diakonische Werke mit ihrem institutionell verankerten sozialen Auftrag leisten mit ihren meist öffentlich zugänglichen Räumen für den Bildungsauftrag als Schlüssel zur Teilhabe einen bildungspolitischen und gesellschaftsrelevanten Beitrag. Praxisbeispiele aus der Schweiz zeigen dies deutlich.

3.   Praxisbeispiele

3.1.   Chor-Raum

Seit Sommer 2012 probt regelmässig ein Chor von Asylbewerberinnen und Asylbewerbern in Räumen der Altstadt in Zürich, initiiert von vier Studentinnen. Rund 30 Personen, je hälftig Schweizerinnen und Schweizer sowie Menschen mit Migrationshintergrund, treffen sich jeden Sonntagabend zur Chorarbeit – integrative Bildungsarbeit, die der Lebenssituation des gleichzeitigen ‹drinnen› und ‹draussen› entgegenkommt. Flavia Rüegg, Germanistikstudentin und Mitinitiatorin des Chors, führt dies so aus: «Im Chor sind die Grenzen zwischen Lehrerinnen und Schülern,

---

Thesen: Klaus Raschzok, Der Feier Raum geben, in: Thomas Klie (Hg.), Der Religion Raum geben. Kirchenpädagogik und religiöses Lernen, Münster 2000, 112–135, hier 127–132.

50 Aus katholischer Sicht: Albert Gerhards, «Barmherzigkeit will ich, nicht Opfer» (Mt 9,13). Zur diakonischen Dimension des Kirchengebäudes, in: Benedikt Kranemann u. a. (Hg.), Die diakonale Dimension der Liturgie, Freiburg i. Br. 2006, 246–260. Aus evangelischer Perspektive: Christoph Sigrist, Kirchenraum, in: Ralph Kunz/ Ulf Liedke (Hg.), Inklusion in der Kirchgemeinde, Göttingen 2012.

51 Vgl. zum dritten Sozialraum: Klaus Dörner, Leben und sterben, wo ich hingehöre, Neumünster 2007, 92ff. Zur Einbettung kirchlicher Arbeit im Markt des Helfens: Rüegger/Sigrist, Diakonie – eine Einführung, 241–256.

Schweizerinnen und Ausländern, Jüngeren und Älteren aufgehoben. Singen verbindet.»[52] Gleiche Voraussetzungen zum Singen, der Abbau von Vorurteilen durch gegenseitigen Austausch, unterstützt durch lange Pausen und reichhaltiges Büfett, sind Lernziele. Bewusst grenzen sie sich gegen vereinnahmende Klischees der Freiwilligenarbeit ab: Sie arbeiten nicht im Auftrag der Kirche, leiden nicht an Helfersyndromen, lehnen den Begriff des Helfens explizit ab. Laura Widmer hält dezidiert fest: «Wir würden unser Handeln nicht als helfendes Handeln umschreiben. Uns geht es genau darum, dass die Opfer- und Helferrollen vermieden werden und Kontakte zwischen verschiedenen Menschen auf Augenhöhe geschaffen werden können. Unsere Beziehung zu den Flüchtlingen findet auf einer freundschaftlichen Ebene statt. Es ist ein Geben und Nehmen.»[53] In diesen Aussagen spiegeln sich Merkmale von einem assistierenden, in einer dialogischen Humanität eingelagerten Begleiten, das durchaus Qualitäten der Diakonie als helfendes Handeln aufweist, auch wenn der Begriff abgelehnt wird: «Wir sind weder religiös noch an eine andere Organisation gebunden.»[54]

Ihre Motivation ist politischer Art: «Wir leben in einem reichen Land. Ein Reichtum, der sich nicht nur in Geld bemessen lässt. Reich sind wir dank Demokratie und Rechtsgleichheit, des Zugangs zur Bildung, des Standorts und des Klimas […] Angesichts der Zustände im schweizerischen Asylwesen leben wir heute auch in einem armen Land. Arm an Respekt vor fremden Kulturen, arm an der Fähigkeit, Einzelschicksale als solche wahrzunehmen, arm am Willen, Not zu lindern, arm an Menschlichkeit. Im Gegensatz zum Reichtum, von dem wir alle, die wir hier in der Schweiz aufwachsen, zufällig profitieren, ist die Armut selbstverschuldet. Ich sehe es als meine Pflicht an, sie im Rahmen meiner Möglichkeiten zu lindern.»[55] Diese Gleichzeitigkeit von arm und reich gehört zu den Merkmalen diakonischer Bildung und weitet den Lernprozess hin zu einer gemeinsamen kontextuellen Lernkultur. Laura Widmer

---

52   Zit. in: Mirjam Fuchs, Der Chor der Flüchtlinge, Tages-Anzeiger vom 12. Juli 2012, 22.
53   Laura Widmer, E-Mail-Korrespondenz vom 30. August 2012.
54   Positionspapier: Intergalactical Choir, Manuskript, E-Mail-Korrespondenz vom 30. August 2012, 1.
55   Laura Widmer, Motivationspapier, Manuskript, E-Mail-Korrespondenz vom 30. August 2012, 1.

formuliert: «Das Singen im Chor hilft mir, die eigenen Unsicherheiten und Vorurteile gegenüber den Flüchtlingen abzubauen.»[56]

In ihrer übrigen freiwilligen Arbeit mit Sans-Papiers wurde den Initiatorinnen die Notwendigkeit des Raumes bewusst: «Musik ist für viele Menschen ein Bestandteil des Lebens, eine Form, sich auszudrücken, und eine Möglichkeit, in schwierigen Lebenslagen Mut zu schöpfen. Des Weiteren haben wir festgestellt, dass es für Sans-Papiers sichere Orte braucht, wo sie ihre Freizeit ohne Angst vor Kontrollen verbringen können.»[57] Durch den Gesang verändert sich das Raumerleben in erheblichem Masse: «Wir nehmen den Raum, in dem wir uns bewegen während dem Singen, nicht anders wahr. Es ist mehr die Atmosphäre, welche sich verändert. Alle sind konzentriert, machen genau das Gleiche, und es tragen alle ihren Teil zum Gesamten bei.»[58]

In diesen Aussagen wird der diakonische Raum als Bildungsort präzisiert: Räume können durch die Platzierung von Menschen und durch deren Verknüpfung mit Wertvorstellungen, Erfahrungen und Erinnerungen zu ‹diakonischen› Räumen werden, die ausserhalb kirchlicher Orte ihre symbolische Kraft dadurch zeigen, dass sich Gefühle, die durch Atmosphären erzeugt werden, einstellen wie: Da bin ich sicher, ich bin willkommen, ich bin Teil eines Gesamten, alle machen das Gleiche, das hilft mir und den anderen auch.[59] Darin repräsentiert der Kellerraum in der Altstadt als ‹Heterotopie› jenen Ort, wo die Vision von einer menschlicheren Welt ohne Ausschluss und Benachteiligung nicht nur sichtbar, sondern lernbar und deshalb auch erfahrbar wird. Solche diakonischen Räume können Chor-Räume mitten in der Stadt sein. Im Kirchenraum können nicht nur im Chor, jedoch dort besonders Spuren von solchen produzierten ‹Chor-Räumen› erspürt werden: Chorgestühl, das spontane Singen von Besuchenden wie auch das Aufführen von Chorprojekten erzeugen vergleichbare Atmosphären und Gefühle von Zugehörigkeit und Teilhabe.

---

56 A. a. O., 1.
57 Ebd.
58 Laura Widmer, E-Mail-Korrespondenz vom 30. August 2012.
59 Damit habe ich das Merkmal des relationalen Raumes aufgenommen, wie ihn Martina Löw in ihrer Raumsoziologie entwickelt hat: Vgl. Martina Löw, Raumsoziologie, Frankfurt a. M. 2001, insb. ihre Thesen: 271–273.

Diakonie ist lernbar und schafft Raum für helfendes Handeln, Inseln erfahrbarer Mitmenschlichkeit – mit den Worten Laura Widmers: «Ich hoffe, dass sich mit jeder Chorprobe die riesige Schere von Ungleichheit der Menschen, die in der Schweiz leben wollen oder müssen, ein wenig schliessen lässt. Die Hoffnung ist sicher auch Illusion, unser Chorprojekt ist ein Tropfen auf den heissen Stein. Ich bin jedoch überzeugt, dass der Austausch von Erfahrungen, das gemeinsame Singen und Essen uns alle reicher macht. Im Kleinen ist das Chorprojekt eine Insel der Sicherheit in einem riesigen Ozean von Ablehnung und Ungewissheit. Aus diesen Gründen ist es mir wichtig, ein Teil dieses Chors zu sein.»

3.2. Sprach-Raum

Das Solidaritätsnetz Zürich führt Mittagstische in einem evangelisch-reformierten Kirchgemeindehaus und in den Räumlichkeiten einer römisch-katholischen Pfarrei mit integrierten Deutschkursen und Kinderkrippen durch.[60] Das Ziel der durch Freiwillige durchgeführten Projektarbeit ist die Stärkung von Eigenverantwortung und die Teilhabe der Flüchtlinge: «Es soll Hilfe zur Selbsthilfe geschaffen und das Programm auf die Bedürfnisse der betroffenen Menschen ausgerichtet werden.»[61] Rund 200 Personen treffen sich um den Tisch, die Kirchenleitungen stellen die Räumlichkeiten kostenlos zur Verfügung, die Kosten für das Essen werden durch Spendengelder abgedeckt, Asylsuchende kochen selber. Regula Hagmann vom Sozialdienst der Pfarrei berichtet: «Ich habe schnell viele Flüchtlinge gefunden. Schweizer, Ausländer und Flüchtlinge arbeiten generationenübergreifend zusammen.»[62] Durch die Zusammenarbeit mit der Sprachschule Ararat wird es Asylsuchenden möglich, kostenlos den Deutschunterricht zu besuchen. Den Verantwortlichen des Solidaritätsnetzes geht es jedoch auch um gegenseitige Lernprozesse: «Die Mittagstische sind auch ein idealer Ort, um die Be-

---

60 Vgl. dazu Hans Giezendanner, Flüchtlingen ins Gesicht schauen. Solidaritätsnetz Zürich: Für Asylsuchende und Sans-Papiers, in: Pfarrblatt der kath. Kirche 2012: www.forum-pfarrblatt.ch/archiv/2012/forum-nr-16-2012/fluechtlingen-ins-gesicht-schauen, Zugriff 31. August 2012.
61 Solidaritätsnetz Zürich, Konzeptpapier Mittagstisch für Flüchtlinge, Manuskript, E-Mail-Korrespondenz vom 23. August 2012.
62 Giezendanner, Flüchtlingen.

gegnung zwischen Schweizerinnen oder Schweizern und Flüchtlingen zu fördern und so etwas gegen Fremdenfeindlichkeit und für mehr Toleranz zu unternehmen. Gäste des Mittagstisches aus dem Quartier sind demnach willkommen, sollten aber 10 Franken für das Essen bezahlen.»[63]

An diesem Projekt werden weitere Aspekte diakonischer Räume als Bildungsorte sichtbar: Kirchgemeinden und Pfarreien stellen ihre Räume betroffenen Gruppen als Angebote eines «intermediären Raum[es]»[64] zur Verfügung, eines Raumes dazwischen, in dem zwischen ‹einheimisch› und ‹fremd›, zwischen Quartier und Stadt, soziale Strukturen von Wissens- und Erfahrungsprozessen aufgebaut werden. Der Raum wird von den Flüchtlingen wie auch von den Freiwilligen aufgrund ihres kulturellen Hintergrundes und ihrer religiösen Sozialisation heterogen wahrgenommen. Spannend in unserem Zusammenhang sind die Aussagen der Koordinatorin des Solidaritätsnetzes, Alexandra Müller: «Die Kirche gibt uns so etwas wie einen Schutz, denn da ist Gott, und Gott beschützt und liebt alle Menschen, egal, woher sie kommen, egal, was sie für eine Geschichte haben. Gott wird zwar in allen Religionen anders genannt, ist aber vielleicht immer der gleiche und wird von allen respektiert, oder es ist das Gute in Gott, vor dem die Menschen Respekt haben. Vor Gott wollen die Menschen gut sein. Jesus hat sich besonders für die Ausgestossenen und Unterdrückten eingesetzt, ich finde, das passt auch hier. Aber nicht in dem Sinne, dass es auch hier Opfer und Helfende gibt, sondern weil hier jeder Mensch gleich ist und sich verstanden fühlen soll. Die Räume der Kirche schaffen in meinen Augen eine Gemeinsamkeit, eine Brüderlichkeit und Grosszügigkeit, die vielleicht hier eher anzutreffen ist als im Alltag und vielleicht etwas zu tun hat mit meinem Weltbild, in dem alle Menschen gleich sind.»[65]

---

63 Solidaritätsnetz Zürich, Konzeptpapier.

64 Mit diesem Begriff des ‹intermediären Bereichs› beziehe ich mich einerseits auf Donald W. Winnicotts Begrifflichkeit des intermediären Bereichs (vgl. Winnicott, Spiel, 15), andererseits auf den Begriff der Kirche als ‹intermediäre Institution›, wie ihn Wolfgang Huber im Jahr 2000 am Symposium ‹Die Zukunft des Sozialen› prägte (vgl. Wolfgang Huber, Die Rolle der Kirche als intermediärer Institutionen in der Gesellschaft, www.ekd.de/gesellschaft/huber-v5.html, Zugriff 31. August 2012).

65 Alexandra Müller, Persönliche Notizen, E-Mail-Korrespondenz vom 24. August 2012, 3.

Alexandra Müller macht deutlich: Diakonische Räume materialisieren gleichsam die mit Kirchen verbundenden Wertvorstellungen und Sinnpotenziale zu allgemein auf Anerkennung und Akzeptanz hin angelegte Kapitalien. Mit solchem symbolischem Kapital angereichert gelingt es den Beteiligten, mit den Grundlagen einer konstruktivistischen Didaktik diakonische Lernprozesse einzurichten: «Das Wissen soll nicht präsentiert und dementsprechend reproduziert werden, sondern die Lernenden sollen eigene Inhalte und Zusammenhänge konstruieren, sie sollen vorgegebene Strukturen und Abläufe beeinflussen sowie mit eigenen Hypothesen Erfahrungen sammeln.»[66] Beim Projekt Mittagstisch sind die hypothetisch mit Blick auf kirchliche Räume eingeforderten Erfahrungen: ‹Kirchen› schützen und bergen Menschen an sicheren Orten, sie werden als Schutzraum, Arche, Wohnstube empfunden und stellen meist den Tisch der Begegnung und der Option für den Verletzlichen und Ausgeschlossenen ins Zentrum. ‹Kirchen› laden Menschen, egal, woher sie kommen, egal, welche Geschichte sie haben, als willkommene Gäste ein, die ‹Kirchen› werden als Gastraum proklamiert, wo Gemeinsamkeit als Gleichheit auf gleicher Augenhöhe eingefordert wird. Und schliesslich ermöglichen ‹Kirchen› eine Grosszügigkeit bei Lernenden und Lehrenden, sich auf Begegnungen als konstitutive Faktoren neuer Inhalte und Zusammenhänge einzulassen, sie werden als Zwischenräume erfahren, die, weil sie weder zur Alltagsrealität noch zur utopischen Unerreichbarkeit gehören, zu neuen Schritten ermutigen und neue Wege einüben.

Der Begriff ‹Kirche› wird im Alltag bewusst unscharf gebraucht, vielfach subsumieren Menschen darunter institutionelle, erfahrungsbezogene und biografische Aspekte, oft räumliche Aspekte. Was vom Pfarreisaal und der Pfarreiküche ausgesagt ist, kann grundsätzlich auch auf die Erfahrung von Kirchenräumen übertragen werden. Es gilt in Zukunft angesichts der Notwendigkeit neuer Umnutzungsfragen solche diakonischen Funktionen von Kirchengebäuden vertiefter zu analysieren. Kirchengebäude sind nicht nur für pädagogische, sondern auch für diakonische Bildungsarbeit noch zu entdeckende diakonische Räume: Vesper-

---

66 Schmidt/Beck, Bildung als diakonische Aufgabe, 40.

kirchen, Diakoniekirchen, Tafelrunden weisen genauso darauf hin wie die Besetzung der Räumlichkeiten durch Sans-Papiers.[67]

Noch ein weiterer Aspekt ist anzufügen: Signifikant für den Mittagstisch ist der enge Bezug von sozialem Verhalten und existenziellen Grundlagen, die die Diakonie auszeichnen. Mit den Worten von Alexandra Müller: «Mittagstische geben den Menschen eine gesunde Ernährung und einen Ort, um sich zu vernetzen, Deutschkurse ermöglichen das Erlernen der Sprache, das wichtigste überhaupt, um selbstständig sein und für sich selbst sorgen zu können in einem fremden Land.»[68] Aufgrund der Erfahrung sind es vor allem die Deutschkurse, die auf die Menschen mit Migrationshintergrund anziehend wirken. Das macht für Alexandra Müller Sinn, «denn sie möchten ein selbstständiges Leben führen, und dazu ist das Erlernen der deutschen Sprache etwas Grundlegendes.»[69] Diakonische Räume zeichnen sich demnach dadurch aus, dass das Tun (soziales Verhalten) und das Sprechen (existenzielle Grundlage) so zusammenfallen, dass sie beim Angesprochenen wie Sprechenden selber das auslösen, was zur Sprache kommt. Diakonische Räume sind wirkungsmächtige Sprechakte. In der Sprachwissenschaft wird ein solcher Sprechakt als performativ bezeichnet. In Anlehnung an Stephan Schaedes Konzept des Kirchenraumes kann ein diakonischer Raum als religiös performativ beschrieben werden.[70] Es handelt sich um einen Raum, der denjenigen, der ihn betritt, durch die Anordnungen von Menschen und Dingen verändert, durch Tischanlagen, Gedeck, Düfte, Plakate, Bücher und Texte atmosphärische Qualitäten schafft und Gefühle von Angenommensein ermöglicht. Ein solcher Raum verändert diakonisch performativ. Das unterscheidet ihn von den Tischen in sozialen Notunterkünften und staatlichen Asylzentren wie amtlich angebotenen Sprachkursen, die auch eine sozial performative Kraft in sich tragen,

---

67 Vgl. dazu erste Anstösse in: Christoph Sigrist, Kirchenraum, in: Ralph Kunz/Ulf Liedke (Hg.), Handbuch Inklusion in der Kirchengemeinde, Göttingen 2013, 209–236.

68 Alexandra Müller, Persönliche Notizen, E-Mail-Korrespondenz vom 24. August 2012, 1.

69 A. a. O., 3.

70 Vgl. zum ganzen Problemkreis des performativen Sprechaktes: Stephan Schaede, Heilige Handlungsräume? Eine theologisch-raumtheoretische Betrachtung zur performativen Kraft von Kirchenräumen, in: Ingrid Baumgärtner u. a. (Hg.), Raumkonzepte. Disziplinäre Zugänge, Göttingen 2009, 51–69, hier 67ff.

Sehnsucht nach Verständnis und Gehörtwerden auslösen wollen und es
auch tun. Die Bestimmung des Sozialen ist hier noch zu formal für den
diakonisch bezeichneten Sprach-Raum, jedenfalls für den hier dargestellten Kontext eines Zwischenraumes: Der diakonische Raum ist ein Stück
gewendete Welt, wo fremde Asylsuchende und einheimische Lehrende
Lernende werden, die Alltagswelt unterbrochen wird und neue Erfahrungen mit der Welt und Gott provoziert und eingeübt werden. Genau
darin sieht Stephan Schaede das Potenzial des Kirchenraumes als religiös
performativ.[71] Diakonische Bildungsorte, auch in Gestalt von Mittags-
tischen, weisen auf den Kirchenraum selber hin.

4. Ein Zimmer für uns allein

Alexandra Müller beschreibt die diakonisch-pädagogische Atmosphäre in
ihrer Projektarbeit des Solidaritätsnetzes in Zürich so: «Ein Grundsatz
des Solinetzes ist die Hilfe zur Selbsthilfe, und die wird hier gelebt. Aber
die Menschen sind ja so verschieden! Einige sind sehr aktiv, planen
Theater, sportliche Aktivitäten und anderes und gestalten die Arbeit des
Solinetzes direkt mit. Andere freuen sich, wenn ihnen endlich mal jemand zuhört, ihre Geschichte wissen will und sich interessiert, was sie
erleben und erlebt haben. Wieder andere sind froh, wenn ihnen mal ein
ganz normaler Mensch zulächelt und sie nicht immer nur mit Behörden,
Zentrumsleiterinnen, Sozialarbeitern etc. zu tun haben, und wieder andere wollen einfach in Ruhe gelassen werden. Ein ganz normaler ‹Betrieb›
eben, wo es ab und zu ‹menschelt› und zu zwischenmenschlichen Kon-
flikten kommt, aber doch erstaunlich unproblematisch und reibungslos
abläuft.»[72] Diakonische Räume als Bildungsorte laden Menschen ein, ihre
Geschichten zu erzählen und mit ihren Geschichten neue Inhalte und
Zusammenhänge zu konstruieren. Dazu braucht es Raum, braucht es ein
Zimmer. Nichts ist schlimmer, als wenn kein Zimmer vorhanden ist und
Geschichten zwischen Tür und Angel verloren gehen. Mit Virginia
Woolf und über sie hinausführend geht es beim Einrichten von diakoni-
schen Bildungsorten um die Schaffung von solchen Zimmern für sich
begegnende Menschen, wo die ‹Anhäufung unerzählten Lebens› zur

---

71 Vgl. a. a. O., 67.
72 Müller, Notizen, 3.

Sprache kommt, «sei es das der Frauen an den Strassenecken, Frauen mit in die Seiten gestemmten Armen [...], das Leben der Veilchenverkäuferinnen und Streichholzverkäuferinnen und der alten Weiber, die in den Torwegen stehen [...] Alles wirst du erforschen müssen, sagte ich zu Mary Carmichel, und deine Fackel fest in der Hand halten müssen.»[73]

Kirchen können mit ihren Räumen in Zukunft noch verstärkt dazu verhelfen, dass unerzähltes Leben hör- und erzählbar wird. Es gibt viel zu forschen, noch mehr zu bilden, die Fackel halten wir in den Händen, und das Licht stellen wir dabei nicht unter den Scheffel.

---

73 Woolf, Zimmer, 103.

Heiligung des Raumes – raumtheologische Überlegungen zu einem protestantischen Heiligungsbegriff

Elisabeth Jooß

Im Folgenden soll der Versuch unternommen werden, eine Kirchenraumtheorie anzudenken, die sich zum einen der christlichen Schrifttradition und zum anderen zeitgenössischen Raumkonstitutionstheorien verpflichtet weiss. Dazu werden drei Topoi der Glaubenstradition herausgearbeitet, die meines Erachtens konstitutiv für christliches Raumverständnis sind, und in Bezug auf die Raumtheorie Martina Löws entfaltet. Denn erst in dieser Aufeinanderbezogenheit von Glaubenstradition und Gegenwartskultur, so meine These, lässt sich überhaupt erst in protestantisch verantwortetem Sinne von einer Heiligung des Raumes sprechen.

Die Lektüre des Romans «Die Erfindung des Lebens» von Hanns Joseph Ortheil hat mich ausserdem auf den Gedanken gebracht, meine theologischen Ausführungen zur Frage des heiligen Raumes in einen Austausch mit ausgewählten Romanausschnitten zu stellen.[1] Ortheil beschreibt in diesem Roman seine eigene persönliche Emanzipationsgeschichte des Erwachsenwerdens in sprachgewaltiger Dynamik. Sie nimmt ihren Anfang bei seiner Kölner katholischen Kindheit und Jugend: Weil seine Mutter nach einem schweren Schicksalsschlag ihre Sprache verloren hat, bleibt Johannes, Ortheils Alter Ego, bis zu seinem siebenten Lebensjahr stumm und dadurch ausgeschlossen von der Welt der «Normalen». Stets gegenwärtig ist jedoch das Unglück, das das Kind zwar ahnt, aber nicht kennt. Einzig der Vater und schliesslich das Klavierspiel bzw. später auch das Orgelspiel öffnen den Weg in die Freiheit, die er vor allem bei seinem Studium in Rom erfährt. Ein dabei vermutlich wenig beachtetes, aber für unseren Zusammenhang wesentliches Detail dieser «Lebenserfindung» liegt darin, dass Ortheils kirchliche Sozialisierung sich in einer Affinität zu kirchlichen Räumen niederschlägt. Kirchenräume mit ihren jeweiligen raumästhetischen Anmutungen haben in seinem Roman paradigmatischen und explizierenden Charakter für seine

---

1 Hanns-Josef Ortheil, Die Erfindung des Lebens, Stuttgart 2005.

psychische Entwicklung – ihre Beschreibungen sind eindrucksvolle Spiegel seiner seelischen Befindlichkeit. Hier wird literarisch anschaulich und erlebbar, was jede Form von Theorie oftmals nur in dürren Worten wiederzugeben vermag: wie die raumästhetische Anmutung des Kirchengebäudes mit dem Betrachter in eine fruchtbare Wechselwirkung tritt.

1. Kirchenraum als inszenierter Raum

Nahezu allen Religionen ist die Abgrenzung und Aussonderung besonderer Orte eigen. Dabei ist nicht davon auszugehen, dass es sich hier um schiere Versammlungsorte handelt, sondern dass diese Orte auch einer spezifischen Gestaltung unterliegen. Religion kann also in der Weise als kulturschaffend angesehen werden, dass Orte nach bestimmten Kriterien ausgesucht und Räume zur kultischen Zusammenkunft konstituiert werden.

Es zeigt sich: Religion und Raum gehören zusammen, differenzierbar, aber nicht voneinander trennbar. Davon ausgehend stellt sich nun die Frage, in welcher Weise diese beiden Grössen aufeinander bezogen sind. Für die Beantwortung dieser Frage ist es wesentlich, nach den Konstitutionsbedingungen von Raum zu fragen, die hierfür zugrunde gelegt werden müssen.

Für tragfähig und weiterführend in diesem Zusammenhang halte ich das Verständnis von Raum, das Martina Löw in ihrer Raumsoziologie entwickelt hat. Ihre Theorie ist für verschiedenste Disziplinen anschlussfähig und bereits breit rezipiert worden.[2] In ihrer Raumkonstitutionstheorie hat sie einen breiten Raumbegriff entwickelt: «Raum ist eine relationale (An)Ordnung sozialer Güter und Menschen an Orten.»[3] Mit eben dieser Bestimmung bringt sie zum Ausdruck, dass Raum «nie nur eine Substanz oder nie nur die Beziehung [ist], sondern aus der (An)Ordnung, das heisst aus der Platzierung in Relation zu anderen Platzierungen entsteht»[4]. Eben dieses Anordnen jedoch verweist auf die Handlungsdimension, den prozessualen und dynamischen Charakter, der der Raumkonstituierung immer zugrunde liegt. Dieses raumkonstituierende Handeln

---

2 Für die Theologie etwa von Tobias Woydack, Der räumliche Gott. Was sind Kirchengebäude theologisch?, 2. Aufl., Hamburg 2009.

3 Martina Löw, Raumsoziologie, Frankfurt a. M. 2001, 224.

4 Löw, Raumsoziologie, 225.

aber ist dadurch gekennzeichnet, dass es sich sowohl materiellen als auch symbolischen Komponenten verdankt.[5] Die materiellen Komponenten betreffen etwa Naturgegebenheiten oder zur Verfügung stehende Ressourcen, Artefakte, physische Voraussetzungen. Diese stehen in einem Wechselverhältnis zu den symbolischen Komponenten, die von «Werten, Normen, Institutionen, Rollenerwartungen etc. orientiert [...] und durch Sprache strukturiert»[6] sind. Erst beide zusammen, also materielle und symbolische Aspekte prägen das raumkonstituierende Handeln. Es ist im Rekurs auf Martina Löw also davon auszugehen, dass bestimmte Deutungs- und Verstehensweisen von Welt als symbolische Gehalte in Raumformationen eingehen und diese mit prägen, weil jede Form der Raumkonstitution nicht von symbolischen Faktoren zu trennen ist.

Hier liegt genau der Ansatzpunkt für Überlegungen, die nun die Konstitution des Kirchenraumes betreffen. Wird ein Kirchenraum errichtet, so sind zum einen die materiellen, finanziellen etc. Ressourcen zu berücksichtigen, zum anderen aber auch symbolische Faktoren, zu denen neben zeitgenössischen kulturellen Einflüssen auch die Orientierung am christlichen Glauben und seiner spezifischen Schrifttradition gehört. Der Symbolgehalt dieser Tradition ist also handlungsprägend und damit auch als raumbestimmend zu qualifizieren.

Geht man nun davon aus, dass die Schrifttradition unseres Glaubens in die Raumgestaltung als symbolischer Gehalt mit eingeht, so ist danach zu fragen, in welcher Weise der Raum in der christlichen Schrifttradition zur Sprache kommt. Grundsätzlich gilt dabei für die jüdisch-christliche Tradition Folgendes: In der Bibel als dem Buch, wo der schriftliche Traditionsbestand grundlegend fixiert ist, ist nie vom Raum als Grösse an sich die Rede. Vielmehr findet sich Raum immer bezogen auf Gott und Mensch. Diese drei Grössen lassen sich nicht auseinanderdividieren oder ohne einander aussagen. Thema der Bibel ist der Mensch vor dem Angesicht Gottes, coram Deo, also nicht der Mensch als solcher in seinem Leben und Vergehen; wir finden in der Bibel keine Anthropologie, die nicht *theo*logisch, also vom Gottesbezug her bestimmt wäre.

Ebenso wenig ist dort die Rede von Gott an sich, vom Deus a se, wer oder was Gott ist und wirkt jenseits seines Bezuges zu den Menschen.

---

5   A. a. O., 192f.
6   A. a. O., 192 (im Rekurs auf Kreckel).

Retter, Herr, König, Vater und die vielen anderen Gottesbezeichnungen, die biblisch belegt sind, sind Beziehungsaussagen, Relationsaussagen zwischen Gott und Mensch, keine Gottesdefinitionen.

Dasselbe gilt nun genauso auch für den Raum: Der Raum als den Menschen vielfach und grundsätzlich bestimmende Grösse (als verheissenes Land, als Berg der Offenbarung, als Meer, als Tempel usw.) wird immer nur gedacht als ein auf Gott bezogener Raum. Der den Menschen umgebende und ihn auf vielerlei Weise bestimmende Raum wird also immer als durch den Gottesbezug in ausgezeichneter Weise qualifiziert. Raum ist immer von Gott gewollter, dem Menschen zur Verfügung gestellter Raum, Entfaltungs- und Gestaltungsraum des Menschen coram Deo.

Diesem triadischen Verhältnis von Gott, Raum und Mensch, das sich wechselweise aufeinander bezogen weiss, wird bei der Errichtung von Gebets- oder Erinnerungsstätten durch konkret gestalterische Massnahmen Ausdruck verliehen. Das kann in einfachen Naturräumen oder Steinformationen geschehen oder, eben in elaborierter Weise, mithilfe von Kunst und Architektur, denen die Aufgabe zukommt, diese Triade von Gott, Raum und Mensch angemessen zu inszenieren. Kirchen sind also steingewordene Inszenierungen dieses Verhältnisses, in diesem Inszenierungsraum verschränken sich also Raum, Gott und Mensch. Oder anders gesagt: Hier findet eine Inszenierung des Glaubens mit architektonischen Mitteln statt. Die Architektur ist dabei nur eine neben anderen Inszenierungsformen: etwa den literarischen Inszenierungen des Glaubens (wie etwa die Gebetbüchlein des Mittelalters, die Schriften der Reformation etc.), musikalischen Inszenierungen des Glaubens (wie etwa die mönchischen Chorgesänge des Mittelalters, triumphale Messwerke oder Requien) oder Inszenierungen der bildenden Kunst, um nur einige zu nennen. Der symbolische Gehalt des Glaubens kristallisiert sich in all diesen genannten Weisen und so natürlich auch in kirchlichen Gebäuden gewissermassen aus, er hinterlässt eine sicht- und wahrnehmbare Spur in der Raumkonstitution. Durch ein kirchliches Gebäude wird gewissermassen eine Glaubensformation manifest. Dabei ist es natürlich evident, dass ein Kirchengebäude gewissermassen die Inszenierung dieses Verhältnisses zu einem bestimmten Zeitpunkt, in einer ganz bestimmten Epoche darstellt.

Menschen, die zu einem bestimmten Zeitpunkt leben, verstehen ihr Verhältnis zu Gott in einer ganz bestimmten räumlichen Weise und geben eben diesem Verständnis eine architektonische Gestalt. Ergebnis dieses Prozesses ist ein inszenierter Raum spezifischer Gestalt: spezifische Form, spezifisches Material, spezifische Ornamentik.[7] Bei der Konzeption dieser Inszenierung wird zurückgegriffen auf Raumkonzeptionen, also Formulierungen des Gott-Mensch-Raum-Verhältnisses, die in der Bibel grundgelegt sind.

Im Folgenden möchte ich drei verschiedene Aspekte dieses Verhältnisses nennen, die mir in ihrer symbolischen Potenz für die Konstitution christlich geprägter Räume wesentlich erscheinen.

a)   Raum als von Gott geschaffener Raum

Gott ist in der jüdisch-christlichen Tradition die Grösse, von der geglaubt wird, dass er den Raum allererst geschaffen und zur Verfügung gestellt hat. Gott also als Bedingung der Möglichkeit jedweder Raumkonstitution und jedweden Handelns im Raum.

«Das Gebet und die Gottesdienste waren also ein Hintreten vor Gott, man machte sich klein, sagte seine Verse und Texte auf, bat um seinen Segen und erzählte ihm, was in der letzten Zeit alles geschehen war. Vor allem solche Erzählungen machten das Besondere des Betens aus, man schaute noch einmal zurück, man liess sich etwas durch den Kopf gehen, oder man überlegte, ob man in dieser oder jener Situation richtig gehandelt hatte.

So war Gott die höchste und strahlendste Instanz, vor der das kleine Leben zusammenschnurrte und sich in ein weites, offenes, grosses Leben verwandelte. Der gewaltigste Ausdruck dieses grossen Lebens aber stand am Rhein, denn ganz in der Nähe des Rheinufers befand sich der Dom und damit eine Kirche, die alle anderen Kirchen überragte und auch sonst nicht mit ihnen zu vergleichen war.»[8]

Das Kirchengebäude, hier der Kölner Dom, wird hier genauso wahrgenommen: als imposantes Manifest des ewigen Gottes, der Raum und Zeit geschaffen hat und erhält. Als biblischer Referenztext bietet sich natürlich Gen 1 an, wo Gott aus dem Nichts und dem Chaos Lebensraum schafft. Dabei ist die Konstitution von Raum keine neutrale Zurverfügungstellung einer kosmischen Geordnetheit, sondern der Beginn des Beziehungsgeschehens zwischen Gott und Mensch, auf das die Schöpfungsgeschichte ja von ihrer inneren Logik her zielt. Eine beson-

---

7   Mit Martina Löw kann hier von einem «institutionalisierten Raum» gesprochen werden (Raumsoziologie, 161ff.).

8   Ortheil, Die Erfindung des Lebens, 55f.

dere Referenz hat dieser Schöpfungsbezug dort erfahren, wo etwa in der Gestaltung der Säulenkapitelle die Vorstellung des Paradiesgärtleins leitend war, wie etwa in der Stadtkirche St. Dionys in Esslingen am Neckar. Hier hat sich der theologische Gedanke von Schöpfung und eschatologischer Neuschöpfung auf die Raumgestaltung prägend ausgewirkt. Der Kirchenbesucher hat dabei einen Weg zu gehen von der Schöpfung über den Sündenfall bis zur Neuschöpfung mit Verzierungen aus der Offenbarung des Neuen Jerusalem. Die Schöpfungsthematik mit ihrer Bereitstellung von Lebensraum durch Gott, aber auch als Entscheidungsraum für den Menschen, findet sich häufig auch bei der Gestaltung von Kirchenfenstern motivisch aufgenommen.

b)   *Raum als das Irdische transzendierender Raum*

«Ich weiss noch genau, wie sehr ich damals bei jedem Betreten des Kirchenraumes erschrak, denn sofort nach Passieren des grossen Portals ging der Blick ja hinauf, in die schwindelerregenden Höhen, an den Pfeilerbündeln und bunten Kirchenfenstern entlang. Ich blieb stehen und wusste nicht weiter, so wie mir erging es aber den meisten Besuchern, sie blieben stehen und schauten eine zeitlang in die Höhe, als müssten sie zunächst Mass nehmen und sich auf diese den Körper überwältigenden Grössenverhältnisse einstellen.»

Die Majestät und Überlegenheit Gottes finden sich hier inszeniert, seine Grösse und Macht, die bis in den Himmel weist und eben da auch präsent ist.

«Erst im rechten Querschiff, ganz in der Nähe der Vierung, knieten wir uns in eine Bank, und mein Blick schoss wieder hinauf in das hohe Gewölbe über dem Hauptaltar, wo es eine winzige, helle Öffnung gab, durch die das Sonnenlicht einströmen konnte. Ich glaube nicht, dass jemand sonst diese Öffnung bemerkte, sie war eins der vielen Details, wie sie nur Kindern auffallen, ein winziges, kreisrundes, helles, das Sonnenlicht einatmendes Loch, das Schlupfloch des grossen Gottes, der in diesem Dom sein eigentliches Haus [hat, E. J.] ...».[9]

Architektonisch wird hier die Überlegenheit Gottes durch eine besondere Gestaltung und Betonung der Vertikalen zum Ausdruck gebracht. Gerade hieran lässt sich nun der Symbolgehalt der Schrifttradition erkennen, hat diese Bauweise doch einen theologischen Referenz-

---

9   Ortheil, Die Erfindung des Lebens, 57f.

punkt bereits im vorexilischen Schrifttum des Alten Testaments. In der sog. Thronratsvision des Propheten Jesaja (Jes 6,1–4) etwa wird eben diese unendliche räumliche Überlegenheit Gottes über alles Irdische dadurch ausgedrückt, dass die Ausmasse des Thrones, des göttlichen Gewandsaumes und die beigesellten Serafenengel jeden Tempel und alles irdisch Erbaute übersteigen und an Höhe übertreffen.[10] Dabei bezieht sich die Überlegenheit nicht auf eine metrische Höhenangabe, sondern impliziert kosmische Qualität: nichts Irdisches, und sei es noch so hoch, ist vergleichbar mit der unüberbietbaren Herrlichkeit JHWHs bzw. seines Thrones. Nach der Zerstörung des Tempels knüpft dann die nach-exilische Schrifttradition daran insofern an, als dass gerade diese himmlische, also alles Irdische übersteigende Verortung Gottes einen Topos darstellte, von dem aus sich auch nach der Katastrophe eine Kontinuität in der Gottesvorstellung aussagen liess. Dies führte zu einer starken Betonung der Vertikalen, so dass nun neben der Vorstellung der Einwohnung Gottes bei seinem Volk, Gottes Wohnstatt auch im Himmel angesiedelt wurde (vgl. z. B. Ex 24,9–11). Diese Vorstellung hält sich bis in die neutestamentlichen Schriften hinein, wo die christologische Qualität Jesu dadurch ausgesagt wurde, dass Jesus nicht von dieser Welt, sondern «von oben her» kommt, so etwa im Johannesevangelium. In dieselbe Linie gehört auch die Rede von der Erhöhung Christi bzw. seiner Himmelfahrt als Rückkehr zum Vater. Ein Novum des Neuen Testaments ist dann die Verlängerung der Vertikalen bis in die Unterwelt hinein, die mit dem Abstieg Jesu in die Unterwelt ebenfalls als Präsenzraum Gottes ausgezeichnet ist. Betrachtet man also diese Transzendierung des irdischen Raumes als Element christlicher Glaubenstradition, so muss sich diese Gerichtetheit christlicher Existenz zwangsläufig in irgendeiner Weise architektonisch widerspiegeln. Dabei sind die «Pfeilerbündel» bis in «schwindelerregende Höhen» oder das «Schlupfloch Gottes» nur zwei Möglichkeiten. Auf einem Raumkongress wurde uns von einem Architekten ein moderner Kirchenraum vorgestellt, der über Glas und Textilhaut den Himmel an die Decke der Kirche abbildet.[11] Hier wird auf die Durchlässigkeit und Gerichtetheit nach oben durch andere Materialien

---

10 Vgl. dazu Friedhelm Hartenstein, Die Unzugänglichkeit Gottes im Heiligtum. Jesaja 6 und der Wohnort JHWHs in der Jerusalemer Kulttradition, Neukirchen 1997, 42ff.

11 Hartmut Ayrle, Projektionen, in: Thomas Erne/Peter Schütz (Hg.), Die Religion des Raumes und die Räumlichkeit der Religion, Göttingen 2010, 123–132, hier 125.

und andere architektonische Mittel abgezielt – doch das Anliegen der Inszenierung des Kirchenraums als Verweis auf den Himmel bleibt als theologisch verantwortetes Element erhalten.

Eine andere Form der Transzendierung des irdischen Raumes, die in der Bibel grundgelegt ist, ist der Gedanke der Neuschöpfung des Raumes durch Gott. So heisst es in der Offenbarung des Johannes: Siehe, ich sah einen neuen Himmel und eine neue Erde (21,1). Dabei ist Gott derjenige, der die Macht über den Raum besitzt, indem er den alten vergehen und den neuen erstehen lassen kann. Eine Aufnahme dieses Motivs als Vorgeschmack auf die kommende Welt, an der die Gläubigen Anteil haben werden, findet sich sowohl architektonisch als auch in vor allem mittelalterlichen Kirchenfenstern.

c)   Raum als Begegnungsraum zwischen Gott und Mensch

Mein Vater und ich «bahnten uns einen Weg durch das rechte Seitenschiff, wo die Menschenscharen bereits dicht gedrängt standen. Nahe der Vierung warteten wir auf meine Mutter, die sich am liebsten gleich nach dem Betreten des Doms in eine der hinteren, noch leeren Bankreihen gesetzt hätte, das jedoch kam für den Vater nicht in Frage, er wollte jedesmal weit nach vorn, in die Nähe des Hauptaltars, die Weihrauchwolken, die während des Gottesdienstes von dort durch das Kirchenschiff zogen, sollten uns erreichen und einhüllen wie schwere Gewänder.» [12]

Annäherungswege werden hier beschrieben, Annäherungen der Menschen an Gott, Orte unterschiedlicher Intensität zeigen sich hier. Dass die Kirchenraumgestaltung in dieser Beziehung ebenfalls an der biblischen Tradition und ihren Basistexten Mass nehmen muss, versteht sich. Für den alttestamentlichen Textbestand und darin die vorexilische Tradition können wir wiederum auf den bereits bekannten Text Jes 6 zurückgreifen. In diesem Text wird die innere Logik der Jerusalemer Tempelanlage vor ihrer Zerstörung ansichtig und zeigt eine Raumkonzeption, die Zonen unterschiedlicher Intensität aufweist. Nicht jeder Ort innerhalb des Tempels, so zeigt der Text, ist in derselben Weise mit Gottespräsenz ausgezeichnet, sondern diese nimmt zur Mitte des Tempels hin zu – wie es auch im Romanausschnitt in Bezug auf den Kölner Dom eindrücklich zu hören war. Am Duktus des Jesajatextes nun fällt auf, dass es hier eine Bewegungsrich-

---

12 Ortheil, Die Erfindung des Lebens, 57.

tung gibt, die, der Architektur des Tempels folgend, von seinem Inneren nach aussen angelegt ist und wieder zurück. Der Gottesthron als Zentrum ist dort angesiedelt, wo im Jerusalemer Tempel das Allerheiligste anzutreffen ist. Mit dem Gewandsaum, der dann bis in den nächsten Raum hineinreicht und der Erwähnung der Schwellen als Übergangsbereich nach draussen wird ein Konzept abnehmender Intensität in der Horizontalen sichtbar. Der Tempel trägt dadurch dem Bedürfnis der menschlichen Annäherung an Gott und dem Anliegen der Erfahrbarkeit Gottes in dieser Welt Rechnung. Gerade die vorexilische Zionstheologie mit ihrer Konzentration auf den Tempel betont diesen Nullpunktcharakter des Tempels, wo sich in ausgezeichneter Weise Göttliches und Menschliches, Vertikale und Horizontale treffen und verschränken.

Später, nach der traumatischen Erfahrung der Tempelzerstörung, wurde diese Erfahrbarkeit Gottes über seine Einwohnung in seinem Volk, in den Gläubigen (1Kön 6,11–13) ausgesagt. Der Tempel also als räumlich klar zu bestimmender Ort der Anwesenheit JHWHs wird entgrenzt auf die Angehörigen zum Volk Gottes hin, hin auf die Gläubigen an den verschiedensten Orten.

Im Neuen Testament nimmt die Ausrichtung auf den Tempel weiter ab und es findet eine weitere Veränderung der Heilspräsenz statt: Sie ist untrennbar mit der Person Jesu verbunden. Dabei ist Jesu Wandertätigkeit Teil seines Auftrags, Menschen an den verschiedensten Orten, auch an den abgelegensten, aufzusuchen. Dem korrespondiert auf kosmischer Ebene sein Wirken in Wüste (Mk 1,3.4.12.13; 8,4), Wind und See/Meer (Mk 1,16; 3,7; 5,1) als den lebensfeindlichen und lebensbedrohenden Mächten, denen durch Jesu Anwesenheit die Macht genommen wird. Mit der Präsenz Jesu an einem Ort müssen die bösen Geister weichen, die Annäherung an ihn ist heilsame Gottesnähe.

Die architektonische Herausforderung bei der Frage nach der Begegnung zwischen Gott und Mensch liegt darin, angemessene Näherungsräume für die Erfahrung von Gottespräsenz zu ermöglichen. Dieses Anliegen hat im Laufe der Kirchbaugeschichte viele Wandlungen durchlaufen. Dabei lag der architektonischen Konzeption im Kirchenbau lange eben jene Vorstellung unterschiedlicher Intensitätszonen zugrunde, die wir von der Tempelkonzeption her kenngelernt haben: ein erhöhter Chorraum, manchmal noch mit einem Lettner abgetrennt als Ort des Hochaltars, wo sich nur die Geistlichen aufhalten durften. Daran anschliessend ein Kirchenraum für die anderen Gläubigen. Oft wurde eine

Ost-West-Ausrichtung von Kirchen gewählt, um eben dem Licht der Auferstehung entgegenzugehen und sich von den Schatten des Bösen, den lebensfeindlichen Mächten abzuwenden. Durch die Klosterbewegung des Mittelalters wurde die Tendenz, Kirchen zu besonderen heiligen Orten zu machen, so weit vorangetrieben, dass dem Kirchenraum selbst Heiligkeit zugesprochen wurde. Bis heute hält die katholische Position an der sakramentalen Heiligkeit des Kirchenraums fest, die durch geweihte Reliquien bzw. die Präsenz des sakramentalen Christus im Tabernakel gewährleistet sei. Die Reformatoren, allen voran Martin Luther, wandten sich gegen ein solches Verständnis der Heiligkeit des Raums an sich und formulierten eine Vollzugsheiligkeit des Raums in dem Sinne, dass eine ausschliesslich aktuale Heiligung des Gebäudes durch die Begegnung von Gott und Mensch während des Gottesdienstes erfolge. Das Verkündigungswort und der leibliche Christus im Abendmahl wurden ins Zentrum des gottesdienstlichen Geschehens gerückt und deren performative Präsenz betont. Im Zuge dessen wurden neue Raumkonzeptionen entworfen, die Kanzel etwa in die Mitte des Raumes gerückt oder Rundformen geschaffen, wo sich die Gläubigen um Altar und Kanzel her versammeln. Gerade an den konfessionellen Unterschieden, die die Kirchenraumkonzeption mit prägen, wird eines ganz deutlich: die Architektur ist Ausdrucksform dessen, welche theologischen Prioritäten bei der Frage der Begegnung von Gott und Mensch gesetzt werden, welches Grundverständnis von Annäherung zugrunde gelegt wird und damit auch, welche Haltung der Gläubigen im Raum evoziert werden soll.

Unsere Kirchgänge «führten uns in eine nahe gelegene Kapelle mit einem spitz zulaufenden Dach, in der es gleich rechts neben dem Eingang eine Gebetsnische mit einem Marienbild und vielen brennenden Kerzen gab. Wenn wir uns zum Gebet vor dieses Bild knieten, ereignete sich jedes Mal etwas Merkwürdiges. Schaute ich nämlich konzentriert auf das Bild, wurde die Kirchenstille ringsum einige Grade stiller, nur noch die feinsten Geräusche waren zu hören, das leise Knistern der brennenden Kerzen oder ein Holzknarren [...]. Je stiller alles wurde, umso deutlicher aber strahlte das Marienbild auf, so dass ich schliesslich sehr ruhig wurde und nur noch in das Gesicht der schönen Maria starrte, als würde ich von ihm in eine Hypnose der Stille versetzt.»[13]

---

13 A. a. O., 54.

Diese Phasen grosser Innigkeit, beinahe schon Versenkung, wie sie hier aus der Kindheit von Johannes beschrieben werden, können auch Phasen grosser Distanz weichen – hier im Studium in Rom beim Besuch der Kirche Santa Maria in Trastevere.

«In der schweren Dunkelheit des mittelalterlichen Baus sind nur noch wenige Menschen unterwegs, ein paar Kerzen brennen, im Chor leuchten die alten Goldmosaike mit Szenen aus dem Leben Mariens. [...] Da murmelt er wie unter dem Zwang der strahlenden Marienbilder vor seinen Augen den Beginn des Magnifikat, den er zum letzten Mal während seiner Schulzeit in der Klosterkirche gebetet hat. [...] Er kann denn auch nicht länger in dieser dunklen Bank knien, nein, er tritt die Flucht an, bekreuzigt sich und entzündet am Eingang der Kirche noch rasch eine Kerze.»[14]

An diesen beiden Romanstellen wird deutlich, dass das Verhältnis von Gott und Mensch in der Begegnung ein dialektisches ist, geprägt von Nähe und Distanz, von der Erfahrung eines nahen, bergenden Gottes und der eines fernen, drohenden, abwesenden Gottes, aus dessen unmittelbarer Nähe man nur fliehen kann.

Obwohl dies vielleicht überrascht, ist es eben jene Dialektik von Nähe und Entzogenheit Gottes, die als eine wesentliche, theologisch unaufgebbare Grundlinie vom Alten Testament her aufgezeigt werden kann. Gerade wiederum an der bekannten Jesajastelle lässt sich zeigen, dass zwar ein Ort für Gott vorgesehen ist, sein Thron, und auch seine Präsenz spürbar wird, etwa durch die Erwähnung des Gewandsaums. Gleichzeitig aber zeigt der Umstand, dass der Tempel sich mit Rauch füllt, die Entzogenheit Gottes innerhalb seiner grundsätzlichen Präsenz an. Dieser theologische Topos von gleichzeitig erfahrener An- und Abwesenheit Gottes verdichtet sich neutestamentlich dann im Kreuzesgeschehen, wo sich einerseits der Tod Gottes und gleichzeitig der Verweis auf die Auferstehung symbolisiert finden. Will man nun dieser Figur der An- und gleichzeitigen Abwesenheit Gottes auf die Spur kommen, die für die christliche Tradition wesentlich ist, so ist dies sicher auf ganz verschiedenartige Weise zu lösen. Eines aber muss der Kirchenraum symbolisch zum Ausdruck bringen: dass er Raum gibt zur Ermöglichung unterschiedlicher Nähe- und Distanzerfahrungen (wie im Roman beschrieben etwa die Möglichkeit, am Ausgang eine Kerze anzuzünden oder im vorigen Abschnitt, dass die Mutter immer ganz hinten, der Vater

---

14 A.a.O., 512f.

immer vorne sitzen will). In der bereits erwähnten 2004 fertiggestellten Kirche St. Franziskus in Regensburg wurde eine Kapelle angelegt, die eine Leerstelle aufweist – ganz im Sinne des alttestamentlichen Jesajatextes. Anwesenheit in Abwesenheit. Gerade an dieser Stelle wage ich es, auch für den reformierten Bereich noch einmal genauer nachzufragen: Welche Formen von Symbolen für Gottes Anwesenheit sind zu viel, wo aber gibt es vielleicht auch ein Zuwenig? Welche Möglichkeiten eröffnen reformierte Räume zu einer Innigkeit des Glaubensvollzugs, der auch jenseits des gottesdienstlichen Geschehens liegen kann? In intensiver Ausformung findet sich dieser Aspekt unterschiedlicher Nähe- und Ferneangebote im katholischen Bereich, zumindest in den alten Kirchen: Da gibt es den Tabernakel, den Altar, dann gibt es aber auch noch Heiligenaltäre, Seitenkapellen oder nur Heiligenfiguren an Säulen – hier ist die Varianz am breitesten ausgeprägt. Und ein Beispiel aus der evangelischen Kirche in Künzelsau: Dort gibt es einen Mann, der immer zu spät in den Gottesdienst kommt, immer vor dem Segen geht und sich immer auf einen Stuhl direkt neben dem Hinterausgang setzt. Für ihn ist diese Form der Teilnahme am Gottesdienst wohl die einzig mögliche. Alles andere wäre ihm viel zu nah – und er würde nicht mehr kommen. Und genau diese distanzierte Teilnahme soll eben nicht abqualifiziert und vermieden werden, sondern der Kirchenraum soll genau eine solch distanzierte Partizipation auch ermöglichen, nicht nur Nähe.

Es hat sich also gezeigt, dass in den jüdisch-christlichen Traditionstexten Grundzüge zu finden sind, wie sich das Verhältnis von Mensch, Raum und Gott bestimmen lässt. Und dass Architektur den jeweils aktuellen Glauben der Menschen so inszeniert, dass der entstandene Raum von diesen symbolischen Faktoren in nicht unerheblicher Weise geprägt ist. Er ist eine steingewordene Inszenierung des Glaubens – ein inszenierter Raum.

2. Kirchenraum als zu inszenierender Raum

Nun ist es bei der theologischen Durchdringung von Kirchenräumen nicht damit getan, nach dem Inszenierten, also dem Steingewordenen zu fragen. Vielmehr ist dieser von einer immer wieder neu statthabenden Inszenierung durch den Rezipienten nicht zu trennen. Wie bereits vorher aufgezeigt, spielen viele zeitgenössische Faktoren beim konkreten Raumerleben eine wesentliche Rolle, gehen in die Raumwahrnehmung mit ein und prägen sie wesentlich mit. Darin liegt auch die Ambivalenz begründet, die oftmals beim Betreten alter Kirchenräume entsteht: Einerseits fühlt man sich hineingenommen und als Teil der Inszenierung – andererseits haben sich Ausdrucksformen des Glaubens auch gewandelt, werden als nicht mehr zeitgemäss und damit befremdlich erlebt:

«Ich weiss noch genau, wie sehr ich damals bei jedem Betreten des Kirchenraumes erschrak, denn sofort nach Passieren des grossen Portals ging der Blick ja hinauf, in die schwindelerregenden Höhen, an den Pfeilerbündeln und bunten Kirchenfenstern entlang. Ich blieb stehen und wusste nicht weiter, so wie mir erging es aber den meisten Besuchern, sie blieben stehen und schauten eine zeitlang in die Höhe, als müssten sie zunächst Mass nehmen und sich auf diese den Körper überwältigenden Grössenverhältnisse einstellen.

Hinzu kam eine plötzliche, heftige Kühle, es war als hauchte einen diese eisige Kühle von den Pfeilern und grauen Steinen her an und als bliesen all diese Steine einem ihren jahrhundertealten, leicht modrigen Atem entgegen. Etwas Säuerliches, Bitteres war in diesem Atem, etwas, das einen zurückschrecken und hilflos werden liess, man wusste nicht genau, ob man in diesem Bau denn auch willkommen war, so viel Fremdheit und Strenge begegneten einem.»[15]

An diesem Textabschnitt zeigt sich auf beeindruckende Weise, dass es jedes Mal, «bei jedem Betreten des Kirchenraums», wie es bei Ortheil heisst, darum geht, sich dieser Inszenierungsaufgabe des Kirchenraums neu zu stellen. Es zeigt sich, dass es eine Herausforderung darstellt, die raumästhetische Anmutung des Kirchenraums jeweils neu zu bearbeiten – und damit mit dieser Inszenierung, an denen der Kirchenbesucher aktiven Anteil hat, eine ästhetische Konstruktionsleistung zu vollbringen als jeweilige Aktualisierung der Gott-Raum-Mensch-Triade. Dabei ist die jeweilige raumästhetische Anmutung oder Inszenierung zum einen von der je individuellen Subjektivität des Einzelnen abhängig, zum anderen aber auch vom jeweiligen Kontext, innerhalb dessen sich das subjektive Raumerleben ereignet. So wird ein Raum während eines Gottesdienstes etwa anders wahrgenommen als bei einer Kirchenführung oder einer Ausstellung. Alle Sinnesorgane sind aktiv am Raumerleben beteiligt und ergänzen sich zu einem Ganzen der Raumwahrnehmung.[16] Wie der

---

15 A.a.O., 56f.
16 Vgl. dazu auch Löw, Raumsoziologie, 195f.

Raum aussieht, riecht, sich anfühlt – allein in diesem kurzen Abschnitt des Romans sind alle diese Sinneseindrücke erwähnt, die entscheidend sind für das Raumempfinden des Betrachters. Auch persönliche Gestimmtheit, Tageszeit, Mobilität des Betrachters, Sprachfähigkeit und viele andere Faktoren mehr wirken sich auf die Raumwahrnehmung wesentlich aus – und lässt sie je unterschiedlich ausfallen. So kann eine Kirche im Sonnenschein majestätisch und erhaben wirken, bei Nacht aber unheimlich und furchteinflössend.

Räume, so auch Kirchenräume, sind also nicht statisch, sondern dynamisch zu denken, immer abhängig vom Rezipienten, von den Vollzügen innerhalb des Raumes, von der atmosphärischen und religiösen Gestimmtheit. Von wesentlicher Bedeutung sind dabei auch die soziale Vorprägung und vorausgegangene Bildungsprozesse, durch die jede Wahrnehmung vorstrukturiert wird. Hierzu zählt in Bezug auf Kirchenräume natürlich jede Form der kirchlichen oder anderweitigen religiösen Sozialisierung, die den Raum und dessen Formensprache als prinzipiell vertraut oder gänzlich fremd erscheinen lässt. Mit jedem Verstehen wandelt sich auch die Wahrnehmung. Und so ist ein Kirchenraum nichts, was einfach *ist* – sondern was *wird*. Immer und immer wieder neu. Mit jeder Inszenierung neu. Denn jede Konstitution von Räumen «geht mit Wahrnehmungen einher, die sowohl auf der Aussenwirkung der sozialen Güter und anderer Menschen basieren als auch auf der Wahrnehmungsaktivität des Konstituierenden.»[17] Jede in diesem Sinne vorgenommene Re-Inszenierung des Raumes unterscheidet sich also von der vorigen. Diese Dynamisierung lässt den Kirchenraum als vitalen Raum erfahrbar werden, dessen Neu-Inszenierung immer wieder neue Glaubensspuren sichtbar macht und in den Vordergrund treten lässt.

3. Inszenierung und Heiligung

Abschliessend stellt sich nun aber noch die Frage, inwiefern beim inszenierten und zu inszenierenden Raum in einem protestantisch verantworteten Sinn von Heiligung des Raumes gesprochen werden kann.

---

17 A. a. O., 197.

Ausgeschlossen werden kann in jedem Falle ein substanzontologisches Verständnis von Heiligkeit, das die Steine dauerhaft durch Weihe in einen geheiligten Status versetzt – so bis heute im katholischen Kontext. Allerdings halte ich auch die immer wieder zitierte Haltung Martin Luthers in diesem Sinne nicht für zureichend, der dem Raum lediglich eine adiaphorische Rolle zuschreibt und dem Gebäude keinerlei Bedeutung zumisst. Vielmehr meine ich in dem von Martina Löw so herausgearbeiteten symbolischen Faktor, der raumkonstituierendes Handeln bestimmt, einen Ansatzpunkt gefunden zu haben, um in einem differenzierten Sinn von einer Heiligung des Kirchenraumes sprechen zu können. Und zwar in der Weise, dass Kirchenräume immer eine steingewordene Momentaufnahme eines je aktuell in Geltung stehenden Gott-Mensch-Raum-Verhältnisses darstellen. Insofern ist hier Glaube kristallisiert, ist der symbolische Gehalt des Glaubens in die Architektur des Kirchenraums eingegangen – was einen Kirchenbau ganz grundlegend von jedem anderen Bau unterscheidet. Kirchen sind *auch* (neben vielen anderen Faktoren) steingewordener Glaube – mit all den Spuren des Glaubensvollzugs, die sich im Laufe der Jahre, vielleicht auch Jahrhunderte in ihnen festgesetzt haben. In diesem Sinne möchte ich es wagen, von einer «Heiligung» der Räume zu sprechen: einer Heiligung durch die in ihnen enthaltene symbolische Potenz, durch den darin manifest gewordenen Glauben. Dieser Glaube, der sich in der gewählten Raumform (etwa einem lateinischen oder griechischen Kreuz) und der Ausgestaltung der einzelnen Dimensionen mit ausdrückt, «heiligt» die Räume insofern, als sie ihren Verweischarakter auf das ursprüngliche Referenzsystem des christlichen Glaubens behalten – auch wenn eine Kirche längst einem anderen Zweck zugeführt ist und völlig anders genutzt wird. Ein solches Verständnis eines «geheiligten» Raumes ist gegenüber modernen Umnutzungen offen – aber es bietet vielleicht eine Erklärung für das Zögern, das schmerzliche Ringen bei den meisten Kirchenprofanisierungen. Gerade in den neuen Bundesländern wird immer wieder die überraschende Erfahrung gemacht, dass sich Menschen für den Erhalt von Kirchen einsetzen, die selbst weder Kirchenmitglieder sind noch sonst sich als gläubig verstehen. Meine Vermutung dabei ist, dass es genau dieser in das Gebäude eingeschriebene Transzendenzbezug ist, der den Menschen einen wertschätzenden Umgang mit diesem «geheiligten» Gebäude mitten im atheistischen Umfeld und jenseits jeder gottesdienstlichen Nutzung abnötigt.

Zu dieser *architektonischen* Einschreibung in den Kirchenbau kommt natürlich hinzu, dass auch die jeweiligen Neuinszenierungen des Kirchenraumes durch den *Gottesdienstvollzug der Gemeinde* ihren Beitrag zur besonderen Atmosphäre dieses Raumes leisten. Der Kirchenraum, so der Theologe und Kunsthistoriker Klaus Raschzok, «ist ein Raum, der Spuren trägt. Spuren der Benutzung durch die gottesdienstliche Gemeinde, aber auch Spuren der Inbesitznahme durch Christus, der in den Gottesdiensten der Gemeinde gegenwärtig wird.»[18] Zu diesen Spuren zählen natürlich auch Bücher mit Gebetsanliegen, Gebetsstätten mit Kerzen, aber auch nur herumliegende Gesangbücher etc.

Eine Heiligung des Raumes, so wollte ich mit meinen Ausführungen zeigen, kann also immer nur im Vollzug erfolgen – dies aber, so denke ich in doppelter Weise: einmal im Vollzug des Bauens selbst als der Konstituierung eines Raumes, die sich der christlichen Tradition verpflichtet weiss. Und zum anderen im Vollzug der jeweils aktuellen Nutzung des Raumes, insofern sich diese im Horizont des christlichen Glaubens bewegt.

«Alle paar Sonntage in den Dom zu gehen – das war in jenen Kinderjahren eines der Erlebnisse, die mich gewiss am stärksten geprägt haben. [...] Schon von weitem waren die mächtigen Domglocken zu hören, ihr schwerer Klang füllte das ganze Rheintal und zog einen wie magisch in die Nähe des hohen, schwarzen Gebirges aus Stein, das auf einer kleinen Anhöhe stand, zu der man über viele Stufen hinauf gelangte.»[19]

«Im Dom lernte ich also das eigentliche Sehen und Hören, ein Sehen von schönen Gebärden und kunstvollen Gestalten, ein Hören der reinsten Musik, einer Chormusik ohne Begleitung, oft einstimmig. Sie füllte den Kindskörper aus und machte ihn zu ihrem Widerpart, es war, als gösse der gewaltige Gott diese Musik in einen hinein, damit man allen Kummer und alle Sorgen zumindest für die Dauer des Gottesdienstes vergass.»[20]

---

18 Klaus Raschzok, «... an keine Stätte noch Zeit aus Not gebunden» (Martin Luther). Zur Frage des heiligen Raumes nach lutherischem Verständnis, in: Sigrid Glockzin-Bever u. a. (Hg.), Kirchen Raum Pädagogik, Münster 2002, 99–113, hier 108.

19 Ortheil, Die Erfindung des Lebens, 56.

20 A. a. O., 62.

«Bildung und Raum» –
Zum Anliegen und den Perspektiven der Kirchenpädagogik in einer multikulturellen Gesellschaft: Eine Standortbestimmung

Antje Rösener

1. Bildung und Raum:
Zum Anliegen der Kirchenpädagogik

In der Innenstadt von Dortmund steht eine grosse gotische Kirche, die Reinoldikirche. Seit vielen Jahren öffnet sie täglich ihre Türen für die Menschen der Stadt. Man betritt den grossen Raum und wird unmittelbar eingefangen von einem mystischen Licht, das durch die blauen Glasfenster strömt. Vorne auf den Stufen zum Altar kann man Kerzen anzünden. Die Zeiten, in denen das als katholischer Ritus empfunden wurde, sind lange vorbei: Jung und Alt, Inländer und Ausländer, Menschen mit und ohne Kopftuch – das Anzünden von Kerzen scheint so etwas wie eine archetypische Geste zu sein, derer sich die Menschen bedienen, egal welcher Religion, welchen Alters, welchen Standes. Kaum passiert etwas in der Welt, wie z. B. beim Atomunfall von Fukushima, vergrössert sich schlagartig das Lichtermeer auf den Altarstufen. Manchmal fliehe auch ich vor dem Trubel der Stadt in diese Kirche.

Vor einiger Zeit passierte Folgendes: Hinter mir in der Reihe sass ein etwa 9-jähriger Junge. Kaugummikauend, die Beine angewinkelt, mit den Schuhen auf der Bank. Ich drehe mich um: «Was machst du denn hier?» fragt ich ihn. «Ich komme fast jeden Tag hierher», sagt er. «Erst gehe ich zu Karstadt, dann zu Karstadt Sport und dann hierher. Meine Mama arbeitet da hinten in der Pommesbude.» «Und was machst du hier», frage ich. «Manchmal, wenn mein Cousin dabei ist, zünden wir eine Kerze an», sagt er. «Aber» – er zeigt auf den Opferstock neben den Kerzen – «die sind ganz schön teuer, das geht nicht immer.» Wir schweigen. Dann beugt er sich vor und zeigt auf das Triumphkreuz in der Vierung: «Und der da vorne, wussten Sie das, der Jesus da, der ist ganz jung gestorben, den haben sie ganz jung umgebracht, ans Kreuz genagelt.» Ich frage ihn, woher er das wisse. Er verweist auf seinen Religionsunterricht. «Manchmal ärgern mich die grossen Jungen auf der Strasse», sagt er zum Schluss, bevor er das Gespräch beendet, «dann sage ich zu dem Jesus da immer, er soll mir helfen. Das hat auch schon öfter geklappt.»

Was trägt dieser 9-Jährige zu unserem Thema bei? Bildet ihn der Kirchenraum? Dieser Raum ermutigt ihn zu einer religiösen Geste – dem Anzünden einer Kerze. Dieser Raum lässt ihn das erinnern, was er im Religionsunterricht gelernt hat: Jesus, den man ‹ganz jung umbrachte› und der ihm vielleicht bei seinem Ärger mit den grossen Jungen auf der Strasse helfen könnte.

Dieser Junge kann den Kirchenraum zu seiner persönlichen Lebensbewältigung nutzen, weil er noch ein minimales Wissen darüber besitzt, was das Besondere dieses Raumes ausmacht: Er kennt eine spirituelle Geste, die hier zuhause ist. Der Cousin scheint an dieser Stelle prägend gewesen zu sein. Ausserdem erinnert ihn das Kreuz an seinen Religionsunterricht: Dort hat er erfahren, wer Jesus ist und dass er einer sein könnte, der ihm, dem Kleinen, auf der Strasse hilft.

Wenn ich die Absicht der Kirchenpädagogik in einem Satz zusammenfassen sollte, dann würde ich sie anknüpfend an diese Geschichte so beschreiben: *Es geht darum, Menschen in Kirchenräumen so zu begleiten, dass sie die Symbolsprache der Räume für sich entschlüsseln können und die religiösen Gesten, die diesen Raum zu einem vom Alltag abgegrenzten Raum machen, kennenlernen und ggf. auch nachvollziehen können.*

Stellen Sie sich vor, sie betreten einen Hindutempel oder auch nur eine Moschee: Dann wollen auch Sie wissen, weshalb jene Hindugottheit an welchem Ort aufgestellt ist, was sie zu sagen hat und was die Gläubigen aus welchem Grund tun, wenn sie diesen Tempel betreten.

Ich als Christin brauche eine fachkundige Begleitung, brauche Bildung, um diesen Ort zu verstehen, um einen eigenen Zugang zu ihm zu finden. Es gibt auch ein intuitives Erleben von Räumen: Wenn wir eine Höhle betreten oder einen Berggipfel, dann spüren wir alle etwas. Aber die Potenziale und Dimensionen so durchgestalteter, symbolisch besetzter Räume wie Kirchenräume können von Menschen anders wahrgenommen werden, wenn diese so weit «gebildet» sind, dass sie deren Zeichen entschlüsseln können.

2. Kirchenräume als Brücke zwischen der Institution Kirche und den Menschen, die ihren Glauben in pluraler und individuell konnotierter Weise leben

Das Interesse der Menschen an klassischen Themen und Fragestellungen des christlichen Glaubens hat in den letzten 30 Jahren abgenommen, wogegen sich das Interesse an Kirchenräumen zu dieser Entwicklung genau antizyklisch verhält. Kirchenräume erfreuen sich einer steigenden Beliebtheit. Für viele ist es ein kein Widerspruch, aus der Kirche ausgetreten zu sein, sich in Volkshochschulkursen mit chinesischer Medizin vertraut zu machen und dabei in regelmässigen Abständen eine geöffnete Kirche aufzusuchen, um dort zu beten oder einfach nur still zu werden.

«Für Kirchengebäude hat sich offensichtlich ein Stück Volkskirche erhalten, das selbst von Personen mitgetragen wird, die keiner Kirche mehr angehören», so Horst Schwebel, ehemaliger Direktor des Kirchbauinstitutes der Ev. Kirche in Deutschland.[1]

Von dieser steigenden «Nachfrage» sind allerdings vor allem Kirchengebäude betroffen, deren Architektur und Ausgestaltung signalisieren, dass in diesem Raum ein «anderer Geist» herrscht, als in dem Café, der Sporthalle oder dem Konzertsaal von nebenan. Die Menschen suchen in der Kirche einen Raum, der «das Andere» zu ihrem Alltag verkörpert, das «undeutlich gewordene Mehr», die Dimension hinter dem Sichtbaren und Käuflichen. Dass es diese Kraft, diesen Gott geben könnte, von dem das Christentum (oder andere Religionen) redet, dass es Heil, Stärkung, Schutz und Hilfe gibt, so wie es die biblischen Geschichten erzählen – diese Hoffnung soll der Kirchenraum zumindest offen halten und nicht mit nüchterner Funktionalität im Keim ersticken.

Für die Menschen «ist der Gottesdienstraum ein Ort, der als deutlich von der Hektik des Alltags getrennter Raum erfahren und bewusst auch so gewollt wird. Im Gottesdienstraum sollen die Gesetze des Alltags nicht mehr gelten. Damit ist er noch kein heiliger Raum, aber er ist ein Heterotop, ein von der Normalität abgegrenzter Raum»[2], so Dr. Andreas Mertin, ein reformiert geprägter Publizist und Kurator aus Hagen.

---

1   Horst Schwebel, Die Kirche und ihr Raum, in: Sigrid Glockzin-Bever (Hg.), Kirchen Raum Pädagogik, Münster 2002, 9.

2   Andreas Mertin, Kirchenbau als Heterotop, Magazin für Theologie und Ästhetik 28/2004, 2.

Hier setzt die Kirchenpädagogik an: Wenn der Kirchenraum heute eines der am meisten nachgefragten Angebote der Kirche ist, dann ist die Kirche gut beraten, dieses Interesse aufzugreifen, um die christlichen Schätze (und natürlich auch deren Verirrungen und Verfehlungen) sichtbar zu machen und mit den Menschen darüber in den Dialog kommen.

Dieter Jäckel, ein zertifizierter Kirchenführer unserer Landeskirche, hat folgendes Erlebnis aufgeschrieben: «Bewegend sind immer wieder Begegnungen mit Besuchern, die vor vielen Jahren in unserer Dorfkirche ihre Konfirmation oder die Eheschliessung erlebt haben. Sie erzählen von ‹damals› und stellen all die Veränderungen fest. Ich unterbreche sie dann nur ungern. Sehr bewegend: Eine uralte Frau hörte sich mit ihrer Gruppe vor dem Altar sitzend die einleitenden Erklärungen aufmerksam an. Als sich die Gruppe auf dem Weg zur ersten Station machte, blieb diese Frau sitzen. Selbst als die Führung beendet war, sass sie immer noch da. Auf meine Intervention ‹Jetzt haben sie ja von der Kirche nicht alles mitbekommen›, antwortete sie nur: ‹Das ist wohl mein letzter Kirchenbesuch, warum soll ich ihn nicht sitzend und Auge in Auge mit Gott geniessen!›»[3]

Die Bedeutung, die diese Frau dem Kirchenraum bzw. dem Altar zumisst, mag theologisch mancherlei Fragen auslösen. Sie belegt jedoch eines: Viele Menschen nehmen sich heute die Freiheit, ihren Glauben in selbst bestimmter Weise zu leben und sprechen Kirchenräumen Bedeutungen zu, die theologisch besonders in der evangelischen Kirche lange nicht wahrgenommen wurden. Die Potenziale der Kirchenräume sind nie Thema der protestantischen Theologie gewesen. Vielfach wurde ein rein funktionalistisches Verständnis der Kirchenräume gepflegt, gelernt und gelehrt. Die Positionen der Reformatoren den Räumen gegenüber wurden tradiert, ungeachtet der vielfachen Unterschiede zwischen der Situation der protestantischen Kirchen im 20./21. Jahrhundert einerseits und der gegen Ende des Mittelalters andererseits.

So hat Martin Luther z. B. vehement darauf verwiesen, dass die Besonderheit der Kirchen sich allein darin erweist, dass dort Gottes Wort gepredigt und die Sakramente verteilt werden. Weder Gott noch seine

---

3 Dieter Jäckel, in: Gibt es etwas Schöneres? Erlebnisse, Entdeckungen, Erfahrungen
   als Kirchenführer, hg. vom Ev. Erwachsenenbildungswerk Westfalen und Lippe e. V.,
   Dortmund 2011, 7.

Gemeinde seien angewiesen auf die Kirchenräume, lediglich um der Ordnung willen haben Christen die Freiheit, sich eine Kirche zu bauen.

Diese Position ist nur in Zusammenhang mit Luthers Kritik am Ablasshandel richtig einzuordnen: «Zunächst sind Arme zu beschenken, und alle, die in Not sind. Dann folgen Kirchenbau und Opfer zu kirchlichem Schmucke und Geräte als das zweite gute Werk, und erst an dritter Stelle das Lösen des Ablasses», schreibt Luther 1518.[4] Ein mutiger Gedanke mit einer sozialkritischen Ausrichtung.

Wenige Jahre später kritisiert Luther die ichbezogene Funktionalisierung der Räume durch ihre Stifter noch schärfer, denn allein, um selig zu werden und dem Fegefeuer zu entkommen, würden sie Altäre, Kapellen oder Messen stiften. «So schlägt Luther vor, dass die Christen einmal für eine ganz bestimmte Zeit auf die Benutzung der Kirchengebäude verzichten sollen, um überhaupt zu merken, wozu diese eigentlich bestimmt sind, nämlich nicht, um sich die eigene Seligkeit zu erkaufen, sondern um die Predigt zu hören, die Sakramente zu empfangen und Christus zu begegnen.»[5]

Die theologische Verortung des Kirchenraumes bei Martin Luther entsteht also aus der Kritik an der damaligen religiösen Praxis, in der die Räume zu fragwürdigen Zwecken instrumentalisiert wurden und der Blick für das Wesentliche – das Hören des Wortes Gottes – verloren ging.

Vieles hat sich seitdem verändert: Menschen brauchen die Kirchenräume heutzutage im Gottesdienst und ausserhalb der Gottesdienstes, um zu einer Stille zu finden, in der sie mehr hören als sich selbst. Um zu beten, um nachzudenken über Woher und Wohin.

Nicht zuletzt durch die Kirchenpädagogik wurde in den letzten zwei Jahrzehnten die Kraft der Kirchenräume und ihres Inventars, die Sinne zu sammeln, sie auszurichten auf Gott hin, die Geschichte der Kirche ins Gedächtnis zu rufen, in das Bitten, Klagen und Danken hineinzulocken, wieder neu entdeckt.

Viele in den evangelischen Kirchen haben inzwischen verstanden, dass die Menschen nicht nur an den Worten des Evangeliums hängen,

---

4 WA 1, 598f. (in der Übertragung der Münchener Ausgabe).
5 Klaus Raschzok, «... an keine Stätte noch Zeit aus Not gebunden!», in: Glockzin-Bever, Kirchen, 101.

sondern auch an den Orten, die sie als «Tempel des Heiligen Geistes» erlebt haben, in denen sie gestärkt, getröstet und gesegnet worden sind.

Ich zitiere Prof. Fulbert Steffensky, der auf der EKD-Synode 2003 einen viel beachteten Vortrag hielt mit dem Titel: Der Seele Raum geben – Kirchen als Orte der Besinnung und Ermutigung. Da schreibt er:

«Bürgerlich-protestantische Traditionen verlegen alles Wesentliche des Menschen in sein Inneres, in sein Herz, in sein Gewissen, in seine Seele. Alles Äussere steht unter dem Verdacht, Äusserlichkeit zu sein, Unwesentliches oder gar Abfall und Verderben. Jede äussere Religiosität steht unter dem Verdacht, Verrat an der Innerlichkeit zu sein. [...] Der Mensch erbaut sich nicht nur von innen nach aussen. Er wird auch von aussen nach innen gebaut. [...] Wir glauben, indem wir einen Ort aufsuchen, der verschieden ist von allen anderen Orten. Wir lesen den Glauben vom gestalteten Raum in unser Herz hinein – vom Altar, von den Bögen, von den bezeichneten Schwellen, von den Fenstern, vom Kreuz und von der Ikonostase. Wir lesen unseren Glauben von den fremden Formeln der Psalmen, des Glaubensbekenntnisses und der Lieder von Paul Gerhardt in uns hinein. Wir brauchen uns nicht in der Kargheit unserer eigenen inneren Existenz zu erschöpfen.»[6]

3. Zur Geschichte der Kirchenpädagogik

Die Kirchenpädagogik entwickelte sich im Umfeld der Schule: Es begann in den 1980er Jahren damit, dass in Westdeutschland im Bereich der Schule ausserschulische Lernorte gefragt waren: Besuche in Museen, Krankenhäusern, bei Beratungsstellen etc. An einigen touristisch bedeutsamen Kirchen in Deutschland gab es auf einmal hauptamtliche Pädagoginnen, die Schulklassen empfingen und mit ihnen über 2–3 Stunden hinweg im Kirchenraum zu bestimmten Themen arbeiteten. Die Nachfrage war nach kurzer Zeit sehr viel grösser als das Angebot.

1991 einigen sich die Pionierinnen dieser Arbeit, die vor allem in den grossen lutherischen Stadtkirchen wie z. B. in Hamburg, Hannover oder

---

6   Fulbert Steffensky, Der Seele Raum geben – Kirchen als Orte der Besinnung und Ermutigung, in: Texte zum Sachthema der 1. Tagung der 10. Synode der EKD, Hannover 2003, 7.

Nürnberg tätig waren, bei einem Treffen auf den Begriff «Kirchenpädagogik», um ihrer Arbeitsweise ein deutlicheres Gesicht zu geben. Es sollte aber noch weitere 9 Jahre – bis zum Jahr 2000 – dauern, bis sich der ökumenische ‹Bundesverband Kirchenpädagogik› gründete, dessen Schirmherrin von der ersten Stunde an Dr. Margot Käßmann war.

In diesen Jahren um die Jahrtausendwende trifft diese auf Kinder ausgerichtete Bewegung mit einer anderen zusammen. Inzwischen war in Deutschland die Mauer gefallen, die Kontakte zwischen Ost- und Westdeutschland wurden intensiver.

Einige Gemeinden Ostdeutschland hatten während der DDR-Zeit Gemeindeglieder zu Kirchenführern ausgebildet, damit sie Besucher durch ihre Kirche führen konnten. Es handelte sich hier meist um historisch bedeutsame Kirchen in der ehemaligen DDR. Die Gemeinden wollten ihre Kirchen nicht von staatlichen Fremdenführern erläutert wissen, da diese die Bedeutung der Räume natürlich nur im eng bemessenen Rahmen der DDR-Ideologie darstellen durften.

Diese beiden Bewegungen trafen um die Jahrtausendwende aufeinander und gaben der Kirchenpädagogik in Deutschland einen grossen Schub: Neben dem Kontext Schule tat sich nun auch der Kontext Tourismus und Gemeinde auf. Neben der Zielgruppe der Kinder rückten auch Erwachsene in den Fokus.

Heute gibt es in fast jedem Bundesland Langzeitfortbildungen zum kirchenpädagogisch orientierten Kirchenführer, die auf dem Niveau der Ausbildung zum Gästeführer – also auch mit Prüfung und schriftlicher Arbeit – angesiedelt sind. Sie sind fast alle in evangelischen Instituten beheimatet, grösstenteils im Bereich der Erwachsenenbildung, drei Ausbildungen sind ökumenisch angelegt. Die katholische Kirche tut sich bis heute sehr viel schwerer mit der Kirchenpädagogik. Vielleicht liegt das daran, dass es in der katholischen Kirche noch gewöhnungsbedürftiger ist, Laien eigenständig im Kirchenraum als Kirchenführer – und damit auch als Zeugen und selbstständige Interpreten des Glaubens – agieren zu lassen.

Fast 1 000 Personen haben das bundesweit anerkannte Zertifikat erhalten und sich dafür über ein Jahr lang mit Theologie, Geschichte und Pädagogik befasst. Sie recherchieren geschichtliche Zusammenhänge, lesen theologische Bücher, besuchen Archive, diskutieren mit ihren Pfarrerinnen und Pfarrern, machen Rhetoriktrainings, um sich möglichst gut auf diese Aufgabe vorzubereiten.

Die Absolventinnen und Absolventen sind an vielen Stellen in unseren Gemeinden tätig geworden: Zum Teil haben sie schriftliche Kirchenführer verfasst, sie bieten Führungen für Schulklassen und Gruppen (z. B. auch bei Geburtstagsfeiern) an, sie engagieren sich in Teams zur Öffnung der Kirche. Manche von ihnen bieten Fortbildungsmodule an in der Gemeinde, damit die Erzieherinnen oder andere Interessierte den Kirchenraum neu sehen lernen.

Parallel dazu hat sich die Kirchenpädagogik mit Kindern weiterentwickelt: In manchen Orten wurden z. B. Kinderkirchenführer ausgebildet, die Lust hatten, andere Kinder durch den Kirchenraum zu führen. In Kindergärten gab es Projekte, in denen die älteren Kinder lernten, was es in ihrer Kirche zu entdecken gab und ihr Wissen an die Jüngeren weiterzugeben.

Auch im interreligiösen Dialog spielt die Kirchenpädagogik eine Rolle: So wie viele Christen gerne eine Moschee aufsuchen und erläutert bekommen, wird das zunehmend auch von Muslimen wahrgenommen, so dass unsere ausgebildeten Kirchenführer auch an dieser Stelle zu den Erstinformanten über das Christentum werden. Ohne Zweifel vermitteln die kirchenpädagogisch aktiven Kirchenführer und Kirchenführerinnen religiöse Grundkenntnisse und ermutigen Menschen, sich mit ihrem Leben in Beziehung zu diesem Raum zu setzen. Sie sind wichtige Bildungsakteure in den Gemeinden vor Ort.

4.   Zum pädagogischen Konzept der Kirchenpädagogik

Die Kirchenpädagogik versteht sich als eine Disziplin im Schnittfeld von Pädagogik, Theologie und Geschichte. Sie profitiert didaktisch und methodisch von neueren Entwicklungen in der Erwachsenenpädagogik. Traditionellerweise ging die Pädagogik davon aus, dass sich eine Person im Laufe eines Lernprozesses den Lernstoff so aneignet, dass sie diesen am Ende wie ein Foto abbilden oder widerspiegeln kann. Seit ca. 30 Jahren wird dieses erkenntnistheoretische Modell in Frage gestellt. Auf der Basis u. a. auch von neurophysiologischen Untersuchungen wurde festgestellt, dass unsere Sinnesorgane die Wirklichkeit nicht widerspiegeln können, sondern eigene Konstrukte der Wirklichkeit hervorbringen. Eine objektive Wiedergabe z. B. eines Vortrages ist niemandem möglich. Professor Horst Siebert unterstreicht, dass Lernen im Erwachsenenalter grundsätzlich «Anschlusslernen» sei. Gelernt wird nicht, was einem «gesagt» wird, sondern was als «relevant, bedeutsam, integrierbar erlebt wird».[7] Erkenntnisse müssen anknüpfen an bekannte Denk- und Handlungsmuster und einen erkennbaren Gewinn für den Alltag bringen. Alles andere verursacht beim Erwachsenen nicht mehr als ein «kognitives Rauschen».[8] Natürlich ziehen Menschen Wirklichkeitskonstruktionen vor, die sich in ihrer Vergangenheit bewährt haben. Aber ein Umdenken und Neulernen ist nicht ausgeschlossen, vor allem dann nicht, wenn sie sich davon versprechen, den Alltag zufriedener und glücklicher gestalten zu können.

Auch in die Kunsttheorie sind diese Erkenntnisse eingeflossen: Ein Kunstwerk gibt es nicht an und für sich, sondern es wird im Akt des Sehens und Interpretierens von den Menschen vollendet und jeweils auch neu erschaffen. Lernen kann demzufolge nicht mehr als ein linearer Prozess verstanden werden, der von aussen zielgenau gesteuert werden kann. Er geschieht selbstgesteuert.

Folgende Aspekte dieses Lernverständnisses sind im Weiteren für die Kirchenpädagogik von Interesse:

Die traditionelle Belehrungsdidaktik verliert an Bedeutung gegenüber einer Ermöglichungsdidaktik. Die Aufgabe der Lehrperson ist es, Prozesse zu ermöglichen und zu inszenieren, in denen die Lernenden (latentes) Wissen aktivieren, (neues) Wissen erschliessen, und eigene Wissensstrukturen aufbauen können.

Es werden verschiedene Perspektiven zugelassen, weil Differenzerfahrungen und unterschiedliche Wirklichkeitskonstruktionen den Erkenntnisprozess massgeblich fördern. Allgemeingültige Wahrheitsansprüche werden relativiert. Für viele Probleme gibt es nicht mehr nur eine richtige Lösung. Dies erfordert auf Seiten der Pädagoginnen eine Professionalität im «Modus des Zulassens».[9]

---

7 Vgl. Horst Siebert, Didaktisches Handeln in der Erwachsenenbildung, 2. Aufl., Neuwied 1997, 19.
8 Horst Siebert, Konstruktivistische Einsichten zum selbstgesteuerten Lernen, in: Udo Witthaus/Wolfgang Wittwer (Hg.), Open Space, Bielefeld 2000, 35.
9 Rolf Arnold/Horst Siebert, Konstruktivistische Erwachsenenbildung, Baltmannsweiler 1995, 136.

Objektivität der Erkenntnis ist nicht möglich, sehr wohl aber ein Austausch und eine Verständigung darüber mit anderen. Das Potenzial einer Gruppe, die in einem Lernprozess eine Fülle an Einsichten und Deutungen hervorbringen kann, erfährt eine grosse Wertschätzung. Eine kommunikative und weitgehend angstfreie Lernatmosphäre sowie partizipative und interaktive Arbeitsweisen sind dazu erforderlich.

Die Frage nach der Anschlussfähigkeit der Lerninhalte insbesondere bei Erwachsenen wird für das didaktische Handeln als zentral angesehen. Menschen nehmen nur solche Inhalte wahr, die an eigene biografische Erfahrungen, an ihre Lebensgeschichte anzudocken vermögen. Im Lernprozess muss Raum und Zeit dafür eingeplant werden, dass die Menschen solche Verknüpfungen herstellen können.

Kirchenpädagogische Arbeitsweisen knüpfen damit sowohl an dieses vom Konstruktivismus beeinflusste Lehr-Lern-Modell an als auch an die spezifische Situation der Menschen in der Postmoderne.

Es geht in der Kirchenpädagogik ausdrücklich darum, das Alltagswissen der Teilnehmenden aufzugreifen und dieses mittels interaktiver und ganzheitlicher Methoden für den Lernprozess fruchtbar zu machen. «Kirchenpädagogik nimmt die Vorerfahrungen und Empfindungen der Teilnehmenden ernst und bezieht deren fremden Blick mit ein», heisst es in den Thesen zur Kirchenpädagogik, die vom Bundesverband für Kirchenpädagogik im September 2002 verabschiedet wurden.[10] Kirchenpädagoginnen sehen ihre Aufgabe darin, Lernprozesse anzuregen, «unaufdringlich und behutsam zu moderieren» (3. These) und zu inszenieren.

In der Praxis stossen Kirchenpädagogen häufig auf das Phänomen, dass Menschen in Kirchenräumen besonders zurückhaltend damit sind, kritische und sperrige Gedanken zu äussern. Sie haben Scheu, zu sagen, was sie denken und fühlen – vielleicht weil Kirchenräume landauf, landab immer noch mit Ein-Weg-Kommunikation und mit hierarchischem Gefälle verbunden werden. Wenn in diesem Kontext pädagogisch gearbeitet wird, sollte ausdrücklich darauf hingewiesen werden, dass verschiedene Deutungen des Raumes, des darin gelebten Glaubens, seiner Kunstwerke und Gegenstände möglich und erwünscht sind. Jede Person

---

10 1. These des Bundesverbandes für Kirchenpädagogik, verabschiedet auf der MV 2002. Vgl. www.bv-kirchenpaedagogik.de.

ist eingeladen, sich ein eigenes Bild zu machen und dies mit dem und der anderen zu kommunizieren. Das bedeutet nicht, dass die Kirchenpädagoginnen ihre eigenen Deutungen und ihre weltanschaulichen Überzeugungen verschweigen müssen. Ihr «Glaube» und ihr Fachwissen sind ein zentraler Bestandteil der gemeinsamen pädagogischen Arbeit, sie sollen und dürfen hörbar, erlebbar, nachvollziehbar werden. Sie werden jedoch als subjektive Entscheidung kenntlich gemacht.

Kirchenpädagogik, insbesondere die für Erwachsene, übernimmt hier – ganz ähnlich wie neuere Modelle der Bibelarbeit (Bibliodrama, Bibel-Teilen etc.) – eine Vorreiterfunktion für zukunftsweisende Modelle religiöser Bildung. «Die Zukunft der Kirche in der multikulturellen Gesellschaft hängt nicht unerheblich davon ab, ob den Menschen säkularisierter und anderer Kontexte christliche Inhalte verständlich und zugänglich gemacht werden können. Als ein Projekt der Übersetzung an der Schwelle zwischen Kirche und Gesellschaft leistet die Kirchenpädagogik für die Begegnung mit der biblischen Botschaft einen unverzichtbaren Beitrag.» (8. These)[11]

5. Kirchenpädagogik konkret: Die vier Phasen einer kirchenpädagogisch orientierten Kirchenführung

Das methodische Repertoire der Kirchenpädagogik ist inzwischen in vielen Büchern und Aufsätzen dargestellt worden.[12] Viel wichtiger und schwieriger ist jedoch, dieses in einem didaktischen Gesamtkonzept zielgruppengemäss zu platzieren. Diese Kompetenz zu entwickeln ist erklärtes Ziel der Ausbildungen zum zertifizierten Kirchenführer. Folgender Aufbau einer Kirchenführung in vier Phasen hat sich in diesem Zusammenhang bewährt:[13]

---

11 Siehe Anm. 10.

12 Vgl. dazu die Literaturliste auf der Homepage des Bundesverbandes Kirchenpädagogik (www.bv-kirchenpaedagogik.de) oder auch beispielsweise: Thomas Klie (Hg.), Der Religion Raum geben – Eine kirchenpädagogische Praxishilfe, Loccum 1999.

13 Vgl. dazu das Kapitel «Didaktische und methodische Leitlinien kirchenpädagogischen Arbeitens», in: Birgit Neumann/Antje Rösener, Kirchenpädagogik, 2. Aufl., Gütersloh 2003, 60–72, wo ich dieses Schema entwickelt und ausführlich dargestellt habe.

1. Sich sammeln und annähern

Hier handelt es sich um die entscheidende Anfangsphase einer Führung, in der der Kirchenführer / die Kirchenführerin sich vorstellt und alle Informationen gibt, die die Teilnehmenden brauchen, um sich auf das dann folgende Geschehen einzulassen. Des Weiteren geht es darum, die Besucherinnen und Besucher zu einer ersten fokussierten Wahrnehmung des Objektes hinzuführen. Das kann z.B. ein Frage sein wie: «Welches Adjektiv kommt Ihnen in den Sinn, wenn Sie diese Kirche von aussen betrachten?» Das Anliegen der Kirchenpädagogik, die Teilnehmenden selbst zu aktivieren und ihre Seh- und Urteilsfähigkeit zu schärfen, sollte in dieser Phase bereits deutlich werden. Optimal ist es, wenn dies noch vor der Kirche stattfinden kann, so dass auch die Umgebung der Kirche, ihre Lage im Ortsteil etc. wahrgenommen werden können. Darüber hinaus wird der bewusste Eintritt in den Kirchenraum in dieser Phase vorbereitet.

2. Sich einlassen und entdecken

Hat die Gruppe den Kirchenraum einmal betreten, sollte der Raum als Gesamtkunstwerk wahrgenommen werden. Eine beliebte kirchenpädagogische Methode für diese Phase ist z.B. das «Lieblingsplatz Finden». Hier werden die Menschen aufgefordert, den Ort z.B. mit einem Zweig oder einem Symbol zu kennzeichnen, an dem sie selbst sich am wohlsten fühlen würden. Dazu ist es nötig, dass die Menschen den gesamten Raum betrachtet und erschritten haben. Im Anschluss daran, kann man die gekennzeichneten Orte abgehen (entweder im Plenum oder in Kleingruppen) mit der Bitte, die Geschichten zu erzählen, die zu der eigenen Wahl geführt haben.

   Das Anliegen dieser Phase ist es, den gesamten Raum in den Blick zu nehmen und Bezüge zum eigenen Leben herzustellen: Was ist mir fremd? Was gefällt mir? Welche Themen entdecke ich? Wo habe ich Fragen? Natürlich sind hier auch erläuternde Hinweise des Kirchenführers hilfreich, um die eigenen Wahrnehmungen in einen grösseren Zusammenhang zu stellen.

3. Vertiefen

Jetzt kann das Schwerpunktthema einer Führung in den Blick genommen werden. Dieses kann je nach Kirche, Gruppe oder Führung sehr unterschiedlich sein. Man kann z.B. zum Thema «Taufe» oder zum

Thema «Engel» arbeiten oder die Kirchenfenster in den Blick nehmen oder auch ein sehr «weltliches» Thema wählen wie z. B. «Licht und Schatten». Es ist möglich, zu ein und derselben Kirche Führungen mit unterschiedlichen Schwerpunkten zusammenzustellen. Nur selten ist es ratsam, in einer Führung alle Aspekte des Raumes unterzubringen. Denn der Kirchenpädagogik kommt es stärker auf exemplarisches Lernen an, als auf das vollständige Erarbeiten eines Raumes. «Verlangsamung» ist ein zentrales Stichwort dieses pädagogischen Konzeptes. Es ist insbesondere im touristischen Kontext nicht einfach, diesem Anliegen Genüge zu tragen.

4. Ablösen und Beenden
In dieser Phase sind keine grossen neuen Impulse und weiteren Erläuterungen mehr gefragt. Viel mehr geht es darum, dass die Teilnehmenden ihre Eindrücke für sich noch mal bündeln können und eine dem Raum und der Gruppe angemessene Art der Verabschiedung gefunden wird. Die Ortswahl ist hier – wie bei allen Phasen – von grosser Bedeutung. Oft bietet sich die Apsis an, von der aus man den ganzen Kirchenraum noch einmal überblickt. Ob hier ein Lied gesungen wird oder jeder Teilnehmende einen Wunsch für die Kirche von der Kanzel sprechen darf oder man ein Gedicht vorliest – das muss sensibel auf die Gruppe abgestimmt werden.

Das hier vorgestellte 4-Phasen-Modell ist nicht die einzige Möglichkeit, die Dramaturgie einer kirchenpädagogisch orientierten Kirchenführung zu entwickeln. Es hat sich jedoch in der Praxis als ein guter Leitfaden herausgestellt, der viele Experimente zulässt, auf der anderen Seite aber auch davor schützt, die Besuchenden und das Thema der Führung aus dem Auge zu verlieren, indem man sie mit allen nur erdenklichen Informationen zuschüttet.

5. Perspektiven

Weshalb sollte die Kirche sich stark machen für eigene kirchenpädagogisch orientierte Kirchenführer? Weshalb lohnt es, in deren Ausbildung zu investieren?

Gibt es nicht genug Gästeführer im touristischen Bereich? Natürlich, allerdings mit einem grossen Unterschied: Die Gästeführer führen zwar durch Kirchen, aber in den seltensten Fällen als Zeugen für das spirituelle Geschehen an diesen Orten. Dieses miteinander zu kombinieren, ist ein Alleinstellungsmerkmal der Kirchenführer, die in der kirchlichen Bildungsarbeit ausgebildet wurden. Sie können nicht nur Alter, Stil und Herkunft des Taufbeckens darlegen, sie sind auch auf den religiösen Akt des Taufens und dessen Bedeutung hin befragbar.

Die Potenziale, die Kirchenräume für historische, (kirchen-)politische, theologische und spirituelle Bildung bieten, werden wohl nur von kirchenpädagogisch qualifizierten Personen wirklich ausgeschöpft.

In den letzten Jahren hat sich die Kirchenpädagogik weiter ausdifferenziert: Die Friedhöfe kommen genauso in den Blick wie die Sakralräume anderer Religionen (Moscheen und Synagogen) oder spezielle Projekte, wie z. B. ein Bibeldorf oder ein Garten der Religionen.

Offensichtlich erhoffen sich Besuchende dieser Orte von den dort angebotenen Interaktionen/Führungen/Ausstellungen auch Antworten auf ihre mehr oder weniger diffusen Fragen nach Sinn und Spiritualität.

Dass solche Bildungsangebote zur Orientierung und Urteilsfähigkeit der Individuen beitragen und im besten Fall auch zu einem achtungsvollen Miteinander in unserer multireligiösen Gesellschaft führen, ist schon jetzt ersichtlich und für die Zukunft noch stärker zu erwarten.

Relationaler Kirchenraum.
Diakonische Herausforderungen an der Pfarrhaustür

Dörte Gebhard

1.   Draussen vor der Tür – ein offener Raum?

Es klopft, es klingelt an der Pfarrhaustür und es wird – nicht selten auch zur Unzeit – aufgetan. Sie bitten und es wird ihnen gegeben, aber gerade nicht das gewünschte Geld für Benzin, sondern vielleicht ein Essensgutschein, mit dem Zigaretten und Alkohol nicht zu bekommen sind, dessen Einlösung in Zusammenarbeit mit den örtlichen Lebensmittelgeschäften genau definiert ist. Es wird gesucht, es wird gefordert – und häufig nicht das Erwartete gefunden. Die Reaktionen sind auf beiden Seiten nicht selten entsprechend extrem.

Der Personenkreis ist weitgehend unüberschaubar, unter gut kooperierenden Pfarrkollegen aber durchaus bekannt. Jedoch: genaue Zahlen fehlen. Die Vorstellungen über gelingende Hilfe differieren stark, drinnen und draussen.

Da gibt es Menschen, die Behinderungen haben und/oder vortäuschen, Fahrende, Roma, Dauer- und Durchreisende in Europa von Ost nach West, deren Zahl seit der Öffnung fast aller Grenzen stetig gestiegen ist, enttäuschte Arbeitsuchende aus den Nachbarländern ohne Rückfahrkarte, gelegentlich auch eine in akute Not geratene Dorfbewohnerin, obwohl die Pfarrhaustürschwelle als Hemmschwelle für sie am höchsten ist. Da kommen Betrüger und psychisch Kranke, genau an Heilig Abend, aber auch immer wiederkehrende Passanten im eigentlichen Wortsinn, die von keinem anderen, institutionalisierten Hilfsangebot nachhaltig erreicht werden. Dazu gehört etwa der russische Pilger W., der mit einem ausserordentlich gepflegten Fahrrad zwischen Skandinavien und dem Heiligen Land pendelt, der im Leben zwischen kurzen Phasen geregelter Arbeit und längeren Phasen mit viel Alkohol unterwegs ist, der, wenn ihm aufgetan wird, zuerst eine Bibel verlangt. Er berichtet dann davon, wie merkwürdig es ihm schon erging, wenn er an Pfarrhaustüren eine Bibel statt Geld verlangt. Er teilt in den wenigen Augenblicken auf der Schwelle dem Pfarrhaus seine Flohplage leibhaftig mit. Er schläft auf dem nackten, kalten Boden in der Scheune, sucht eine – auch testhalber – angegebene Pfarrhausadresse in 600 km (!) Entfernung tatsächlich mit dem Fahrrad auf, lehnt aber die klassischen, diakonischen Hilfsangebote ab. Seine Eigenwilligkeit hält er zu seinem eigenen Schaden beeindruckend stur durch, und er kommt immer wieder.

So alltäglich diese Begegnungen an Schweizer Pfarrhaustüren schon lange sein mögen, so herausfordernd bleiben sie auch in Zukunft.[1]

Das Drinnendraussen an der Pfarrhaustür soll im Folgenden im Fokus der Aufmerksamkeit stehen, weil es als ein sehr spezifischer Raum von sozial relevanter Kommunikation verstanden werden kann, in dem die Ansprüche an Kirche und Diakonie auf herausfordernde Weise begegnen. In den praktisch-theologischen Raumdiskussionen[2] hat dieser zunächst offene Ort bislang wenig Raum gefunden, er verdient aber ungeteilte, d. h. auch Diakonie und Kirche verbindende, Aufmerksamkeit.

Insgesamt haben sich in jüngster Zeit radikale Raumfragen, solche nach den fundamentalen Entstehungsbedingungen, Mächten und Akteuren wieder (sozial)wissenschaftliche und medial vermittelte Öffentlichkeit verschaffen können.[3] Die Raumprobleme seien entscheidender, als dass man sie einem einzelnen Fach, schon gar nicht wie es frühere Arbeitsteilungen vorsahen, der Geografie, allein überlassen könne.[4]

So wird auch in der Kirche des Wortes wieder um Räume und ihre Macht gerungen. Wenn anfänglich von «religiösen Gebäuden»[5] in einem weiten Sinne die Rede ist, so konzentrieren sich die gegenwärtigen Diskussionen jedoch bald und nachvollziehbar auf die Stätten des ursprünglichen Gottesdienstes, auf solche Räume, um deren Heiligkeit gestritten werden muss, ehe sie umgenutzt oder aus-genutzt werden, ehe das einst

---

1 Im Aargau werden inzwischen ökumenisch offene Fortbildungen für kirchliche Mitarbeiter angeboten, um sie auf diese alltäglichen, aber unvorhersehbaren Situationen besser vorzubereiten. Vgl. Horizonte. Pfarrblatt Aargau vom 24.3.2013, 3.

2 Vgl. Christoph Sigrist (Hg.), Kirchen Macht Raum. Beiträge zu einer kontroversen Debatte, Zürich 2011 und die dort genannte Literatur.

3 Vgl. Markus Schroer, «Bringing space back in» – Zur Relevanz des Raums als soziologischer Kategorie, in: Jörg Döring/Tristan Thielmannn (Hg.), Spatial Turn. Das Raumparadigma in den Kultur- und Sozialwissenschaften, 2. Aufl., Bielefeld 2009, 125–148.

4 A. a. O., 125.

5 Sigrist, Kirchen, hinterer Klappentext.

zur Erbauung Errichtete zurückgebaut wird. Aus der anzutreffenden Leere des Steingewordenen um das Wort Gottes herum müssen Lehren gezogen werden. Überall dort, wo je nach Definition sakrale Räume, «Gegenorte, die bergen können und vor der Ubiquität des Allraums schützen»[6], dysfunktional erscheinen und neu erkannt werden müssen, stellen sich Raumverständnisfragen mit weitgehenden, nicht nur finanziellen Konsequenzen für alle Kirchenräume, auch die hier in Frage stehenden Pfarrhaustüren. Denn die vorsehende Kraft dieser Räume kann kaum zu gross eingeschätzt werden und beginnt im Banalen. Der Soziologe Markus Schroer betont, «dass es Räume gibt, die Verhalten und Handlungen sowie Kommunikationen prägen und vorstrukturieren: etwa in der Kirche, auf Behörden, in Seminarräumen oder Wartezimmern. So gehen wir in Kirchen langsam und mit Bedacht, wir senken die Stimme und nehmen den Hut ab. [...] Die Predigt des Pastors ist ebenfalls an einen bestimmten, sakralen Raum gebunden, der erst einmal geschaffen sein will. Findet das Ritual in dem für Predigten angestammten Raum statt, kann es leichter vollzogen werden, ist eine Anerkennung der verschiedenen zu verteilenden Rollen einfacher herzustellen. [...] Raum prägt unser Verhalten und drückt ihm seinen Stempel auf. Räume helfen zu entscheiden, in welcher Situation wir uns befinden. Sie strukturieren vor, in welche Situationen wir kommen können, welche Erwartungen wir haben können, sie strukturieren Interaktionsabläufe, machen einige wahrscheinlich, andere unwahrscheinlich.»[7]

Diese Vorprägungen und ihre Erschütterungen, Enttäuschungen und Aufhebungen sind nicht nur an den klassischen Gottesdiensträumen zu studieren, sondern auch in der näheren Umgebung, hier an den hohen oder niedrigen Pfarrhaustürschwellen, deren Existenz mit der Diskussion um die Abschaffung der Residenzpflicht ebenfalls fraglich geworden ist.

An der Pfarrhaustür stehen Existenzen auf dem Spiel – oder es wird gekonnt vorgegaukelt. An der halbgeöffneten Pfarrhaustür werden die existenziellen Fragen gestellt, wird Not offen bekannt – oder dreist gelo-

---

6   Ralph Kunz, Vom Sprachspiel zum Spielraum – Die Verortung des Heiligen und die Heiligung der Orte in reformierter Perspektive, in: Sigrist, Kirchen, 21–37, hier 33, im Anschluss an das Konzept der Heterotopie bei M. Foucault, Andere Räume, in: Martin Wentz (Hg.), Stadt-Räume, Frankfurt a. M./New York 1991, 65–72, 67.
7   Markus Schroer, Räume, Orte, Grenzen. Auf dem Weg zu einer Soziologie des Raums, 4. Aufl., Frankfurt a. M. 2012, 176.

gen. An dieser Schwelle werden die, die drinnen sind, auf unnachsichtige Weise von denen draussen angefragt und herausgefordert, einen Schritt vor die eigene Tür zu tun. Sie werden dabei nicht nur nach den menschlich unerreichbaren Idealen der Bergpredigt beurteilt und gerichtet. Es wird um Macht gestritten, um Wahrheit und Lüge, Vertrauen, Misstrauen, mutwillig zerstörtes Vertrauen, um die Glaubwürdigkeit des Glaubens, um Gerechtigkeit und Barmherzigkeit, um Gott und die Welt, auch wenn es vordergründig nur um die Adresse der Suchtberatung oder zehn Franken zur akuten Notlinderung geht.

Der auf dem Schlachtfeld und danach an Leib und Seele schwerstverwundete Dichter Wolfgang Borchert hat unmittelbar nach dem Ende des Zweiten Weltkrieges allen draussen vor den Türen ein unerhörtes *memento mori et vitae* geschaffen.[8] Die wenig erdichtete und stark autobiografische Figur Beckmann bei Borchert schreit die zugeschlagene Tür an:

«Und du – du sagst, ich soll leben!
Wozu? Für wen? Für was?
Hab ich kein Recht auf meinen Tod?
Hab ich kein Recht auf meinen Selbstmord?
Soll ich mich weiter morden lassen und weiter morden?
Wohin soll ich denn?
Wovon soll ich leben?
Mit wem? Für was?
Wohin sollen wir denn auf dieser Welt?
Verraten sind wir. Furchtbar verraten.
Wo bist du, Anderer? Du bist doch sonst immer da!
Wo bist du jetzt, Jasager?
Jetzt antworte mir!
Jetzt brauche ich dich, Antworter!
Wo bist du denn? Du bist ja plötzlich nicht mehr da!
Wo bist du, Antworter, wo bist du, der mir den Tod nicht gönnte!
Wo ist denn der alte Mann, der sich Gott nennt?
Warum redet er denn nicht!
Gebt doch Antwort!

---

8   Wolfgang Borchert, Draussen vor der Tür. Ein Stück, das kein Theater spielen und kein Publikum sehen will, in: ders., Das Gesamtwerk, Hamburg 1949, 99–165.

Warum schweigt ihr denn? Warum?
Gibt denn keiner Antwort?
Gibt denn keiner Antwort???
Gibt denn keiner, keiner Antwort???»[9]

Die Uraufführung des Stückes fand am 21. November 1947 statt, genau einen Tag nach dem Tod des Dichters in Basel. Durch die von Menschenhand zugeschlagene Tür hindurch werden alle, die je versuchten zu helfen oder jegliche Hilfe verweigerten, wird zuletzt Gott angeschrien. Letztlich wird es gleichgültig, wer antwortet, solange sich nur irgendwie eine Tür wieder öffnet. Für Borchert blieb diese Tür endgültig verschlossen. Darin liegt die Dramatik des Stückes, das nach Auffassung des Dichters und des Untertitels weder auf einer Bühne aufgeführt noch von irgendeinem Publikum gesehen werden will.

Borcherts Fragen sind zu gross für jede einzelne Pfarrhaustür, ganz gleich, ob sie sich auftut oder nicht. Borcherts Fragen sind zu gross für den kleinen Augenblick Zeit, der sich auf einer Pfarrhausschwelle bei einer kurzen Begegnung um Geld und Hilfe ergibt. Borcherts Fragen sind nicht nur für ihn selbst grösser als ein einzelnes Menschenleben.

Diese Schreie um Gehör sind bleibend offen und menschlich unerhört seit Hiob und Jeremia. Sie sind unüberhörbar seit Jesus, sie bleiben grundsätzlich unüberwindbar trotz aller organisierter Diakonie. Sie werden immer noch exemplarisch an den Pfarrhaustüren am Anfang des 21. Jahrhunderts realisiert, und alle Antwortversuche in Wort und Tat sind bei genauer Betrachtung «Fragebewahrinstitutionen»[10], denn weder empfangene und noch verweigerte Hilfe wird die Suche nach weiterer Hilfe je beenden können.

Aber sind die heutigen Fragen noch so gross? Johann Hinrich Claussen hat eine Analyse vorgelegt, wonach die überwältigenden, existenziellen Probleme sich in den Zeiten nach Augustin, Luther und Kierkegaard stark verbergen unter dem gewaltigen Strom der unzähligen Kleinigkeiten: «Man hat doch andere existenzielle und religiöse Probleme. Man lebt

---

9 Borchert, Draussen, 164f.
10 Odo Marquard, Schwierigkeiten beim Ja-Sagen, in: Willi Oelmüller (Hg.), Theodizee – Gott vor Gericht?, München 1990, 87–102, hier 102.

anders – grossstädtischer, angepasster, abgesicherter, mittelmässiger.»[11]
Aber diese Sicht der Dinge und der Menschen stellt sehr einseitig die
Normalität der nahe am Durchschnitt Lebenden dar, derer, die in der
Regel drinnen sind. Es sind diejenigen, die über die Macht[12] verfügen,
bei der Begegnung zwischen drinnen und draussen die Regeln aufzustel-
len und sie durchzusetzen, die mit der Macht des Durchschnittlichen die
Sphären zerschneiden, die die Tür zuschlagen können. Draussen vor der
Tür gibt es wenig Angepasstes, schon gar nicht Abgesichertes. Dort
bleiben diese Fragen gross. «Ginge es ihnen gut, wären sie nicht hier»[13],
fasst jemand von innen für andere drinnen die Erfahrungen mit denen
draussen vor der Tür zusammen.

Die Macht der Einseitigkeit in der Betrachtung gilt es zu überwinden,
nicht zuletzt auch um derentwillen, die drinnen sind. Denn es ist nicht
anzunehmen, dass die Anfechtungen, die Zweifel am eigenen Tun an
einer Pfarrhaustürschwelle halt machen – das aktuelle Nachdenken über
das Dasein, den Beruf und die Grenzen von Pfarrpersonen legt nahe,
dass auch drinnen hinter der Tür die existenziellen Fragen zwar andere,
aber bleibend grosse sind.

2.   Drinnendraussen – ein Raum?

Die Perspektiven von innen und von aussen werden regelmässig und
auch hier zunächst getrennt voneinander bearbeitet. Die verbindende
Rekonstruktion beider Orte und Blickwinkel mit Hilfe des Konzeptes
relationaler Räume wird im Anschluss daran entfaltet.

An Pfarrhaustüren werden Geschichten erzählt, Lebens- und Lei-
densgeschichten in aller Kürze (re)konstruiert. Hier werden widerfahre-
nes Schicksal und selbstverursachtes «Machsal»[14] gerechtfertigt, werden
über eine Schwelle hinweg Konsequenzen und Forderungen laut.

––––––

11 Johann-Heinrich Claussen, Religion ohne Gewissheit. Eine zeitdiagnostisch-syste-
    matische Problemanzeige, in: PTh 94 (2005), 439–454, hier 447.
12 Vgl. Frank Mathwig, «Den Raum deines Zeltes mach weit» – Zur Topographie der
    Frage nach der Funktion des Kirchenraumes, in: Sigrist, Kirchen, 103–120, hier 108.
13 Horizonte, 3.
14 Odo Marquard, Abschied vom Prinzipiellen. Philosophische Studien, Stuttgart 1981,
    67.

a) Von innen nach aussen geschaut, mit den Augen von Pfarrpersonen und kirchlichen Mitarbeitenden gesehen, stellt sich als Erstes vor allem die Aufgabe, echte von vorgetäuschten Notlagen überhaupt zu unterscheiden, die Menschen vor der Tür richtig zu erkennen. Denn auch diejenigen, die gekonnt oder ungeschickt lügen, sind auf spezifische Weise hilfsbedürftig.

Diese erste Anforderung ist nicht leicht zu erfüllen. Pfarrpersonen berichten, wie oft sie dieser Herausforderung an die allgemeine Menschenkenntnis in einem auch ohne diese Unterbrechungen ausgefüllten Alltag nicht gerecht werden können. Manche resignieren, andere haben ein dauerhaft schlechtes Gewissen, wiederum andere entwickeln eigensinnige Methoden in der Beurteilung der Situation. Gemäss einer unter Geistlichen kursierenden Legende, die wahrscheinlich wegen ihrer reinen Dichtung viel Wahrheit enthält, gab es einmal einen Pfarrer, der die Geschichten draussen vor der Tür in der Regel oder sogar grundsätzlich für erdacht und frei erfunden hielt. Ausgehend von dieser Prämisse habe er sie stets nach Kriterien eines Erzählwettstreits bewertet: War die Geschichte in sich logisch, überzeugend und plausibel? Hält sie einigen Nachfragen stand? Wurde sie gut erzählt? Danach richtete sich dann die zugewendete Hilfe, das Engagement bei der Lösungssuche. Andere Pfarrpersonen deponieren dauerhaft haltbare Lebensmittel im Eingangsbereich und testen damit, wie ernst die Lage der Hilfenachfragenden einzuschätzen ist.

Pfarrerinnen und Pfarrer mit Residenzpflicht an besonders günstiger Lage im übertragenen Sinne haben daher neben Momenten vorübergehend gelingender Hilfe ihrerseits eine kürzere oder längere Geschichte gewoben aus Lug, Trug, Ent-täuschung, Missbrauch ehrlich angebotener Hilfe, der Notwendigkeit, in einer bedrohlichen Lage die Polizei zu rufen, aber auch der völligen Fehleinschätzung akuter Not hinter sich, wenn sie erneut die Tür öffnen. Gemäss der sehr plausiblen und stets erfüllten Verheissung im Neuen Testament gibt es zu allen Zeiten und bei jeder Generation arme Menschen (Joh 12,8), aber auch der Missbrauch von Hilfsangeboten ist ebenso alt wie diese selbst.

Ein Unbehagen ist diesen Begegnungen zwischen anfänglich Fremden auch deshalb eingestiftet, weil die Not an der Tür mit der bleibenden Unabschaffbarkeit – auch des selbstverschuldeten Elends – konfrontiert. Sozialstaatliche und diakonische Massnahmen mögen spezialisiert, professionell, kontinuierlich und auf höchstem fachlichen Niveau sein, sie erreichen nicht alle und viele von jenen anderen dauerhaft nicht. Die erbetene Soforthilfe über eine flache Schwelle hinweg kollidiert mit dem berechtigten Anspruch, nicht nur sinnvoll, sondern nachhaltig zu helfen, und/oder mit der Verpflichtung, Notlagen nicht durch Naivität und Unwissenheit weiter zu verschlimmern, wie es im Umgang mit Suchtkranken und Abhängigen nicht selten der Fall ist.

Die Krisen, die an der Pfarrhaustür offenbar werden, fragen darüberhinaus bis auf die Grundlagen jeder universal denkenden Ethik zurück: Was, wenn es sich herumspricht, was, wenn dann alle kommen? Wie vielen Menschen kann auf diese Weise überhaupt geholfen werden? Wie wird die Verantwortung gegenüber den wohlmeinenden Geberinnen und Gebern der dort verteilten Naturalien oder Gutscheinen wahrgenommen? Wie kann überhaupt ein begrenztes Mass an Gerechtigkeit durchgesetzt werden?

b) Ein ganz anderes Bild entsteht, wenn man von aussen – soweit überhaupt möglich – nach innen schaut. Vielbeachtetes, kontrovers diskutiertes Anschauungsmaterial für diesen Blick lieferte die deutsche Wochenzeitung «Die ZEIT» zu Weihnachten 2011 und 2012. Jeweils in der Vorweihnachtszeit machten sich zwei furchtlose Journalisten auf, die Verschlossenheit der Türen, nicht nur an Pfarrhäusern, zu prüfen. Aus den wenigen gesammelten Eindrücken entstanden die beiden Essays «Maria und Josef im Ghetto des Geldes» und «Maria und Josef in Neukölln».[15]

Versorgt mit Kleidern aus einer wohltätigen Kammer, beraten von einem ehemaligen Obdachlosen und im Bewusstsein, nur mit einer fundamentalen Lüge, nämlich bewusst vorgetäuschter Not, die Wahrheit über die Hilfsbereitschaft bei echter Not ergründen zu können, repräsentierten die beiden Medienschaffenden wesentliche Phänomene der lukanischen Weihnachtsgeschichte, adaptiert für die Gegenwart. Der erste Versuch wurde in einer Wohngegend für mehr als Gutsituierte in der Nähe von Frankfurt am Main durchgeführt. Die Journalisten traten vorübergehend als obdachloses, aber dennoch recht gepflegtes Paar in

---

15 Vgl. Henning Sußebach, Maria und Josef im Ghetto des Geldes. Soziale Kluft, in: Die ZEIT, 22. 12. 2011 - www.zeit.de/2011/52/DOS-Maria-und-Josef. Vgl. weiter Nadine Ahr/Henning Sußebach, Maria und Josef in Neukölln. Soziales Experiment, in: Die ZEIT, 19. 12. 2012 - www.zeit.de/2012/52/Maria-Josef-Neukoelln.

Erscheinung. Sie zeigte sich mariagemäss vermeintlich schwanger. Er erschien joseflich-besorgt um das Lebensnotwendige. Wenn sie draussen vor der Tür standen und ihnen überhaupt, zumeist von Bediensteten, geöffnet wurde, baten sie um Toilettenbenutzung oder Duschmöglichkeit, um einen einfachen Schlafplatz, auch um eine kleine Gelegenheitsarbeit oder einfach etwas zu essen. Am Ende wären sie vermutlich wegen nicht weniger überrascht schlechter Gewissen nicht verhungert, aber möglicherweise in einer kalten Nacht erfroren. Quintessenz dieses verfremdeten Weihnachtsabenteuers in der mutmasslich reichsten Gegend Deutschlands war, dass Vertrauen keine Währung ist, Türen sich nicht weit öffnen, die existenziellen Fragen aber mehr als deutlich und unmittelbar aufbrechen. Typisch erscheint dafür der Dialog, der sich an der Tür des evangelischen Pfarrhauses entwickelt:

«Das Pfarrhaus der evangelischen Kirche sieht aus wie aus einem Adventskalender in die Wirklichkeit kopiert: Holztür. Veranda, Weihnachtsbaum.

Wieder Klingeln, wieder Warten, wieder ein blechernes ‹Ja?!› aus einem Lautsprecher.

‹Wir haben eine Bitte.›

Nach einer Weile öffnet sich die Tür, im hellen Spalt eine schwarze Silhouette. Der Pfarrer.

‹Wir sind ohne Obdach und wollten fragen, wo man hier schlafen kann.›

‹Meines Wissens gibt es hier nichts.›

‹Dürfen wir bei Ihnen übernachten?›

‹Nein. Wir haben uns darauf verständigt, dass das nicht geht.›

‹Aber Sie sind doch die Kirche.›

Mit diesem Satz ist unsere Verlegenheit zu ihm gewechselt. ‹Trotzdem›, sagt er.

‹Wir haben Schlafsäcke dabei.›

‹Nein. Und mit Verlaub: So etwas ist hier noch nie vorgekommen.›

Heisst es in der Bibel nicht: «Klopfet an, so wird euch aufgetan?» Und sagt Jesus nicht: «Was ihr getan habt einem meiner geringsten Brüder, das habt ihr mir getan»? Wo jeder hat, kann man offenbar nicht helfen lernen.

Und doch, der Pfarrer macht die Tür nicht ganz zu. Er scheint mit sich zu ringen. Wie oft hat er mit den Kindern der Gemeinde das Krippenspiel geprobt, und jetzt das!

Wenn er nicht hilft, wer dann? Er zögert, grübelt, verschwindet dann im Pfarrhaus – nicht ohne vorher vorsichtshalber die Tür zu schliessen – und kommt zurück mit 20 Euro, der Adresse einer Jugendherberge 15 Kilometer weiter und einer Plas-

*tiktüte, in die er fast all seine Vorräte gestopft haben muss: ein halber Laib Brot,
Wurst, Käse, Tomaten, Äpfel, Orangen, Wasser, Kekse. Sogar Gummibärchen.*

*Die Tasche wiegt so schwer wie sein Gewissen. Und ist so voll, dass wir uns auf
einen langen Weg machen könnten. Weit weg von dieser Stadt.*

*Mit der S-Bahn-Linie 4 fahren wir zurück, vorbei an Pferdekoppeln und Streu-
obstwiesen, durch das Gewürfel der Gewerbegebiete hinein in Frankfurts Hochhaus-
kulisse, wo wir ein Hotel nehmen. Die Lebensmittel lassen wir in der Bahnhofsmission.*

Wird der Pfarrer in dieser Nacht über seinen Ablasshandel nachgedacht haben?»

So weit die Erfahrungen mit dem evangelischen Pfarrer. Der katholische
Priester lässt die beiden übrigens im Kindergarten der Gemeinde auf
einem Spielteppich übernachten.

Die Journalisten fragen im Anschluss an die Pfarrhaustürbegegnung:
«Hätten wir anders gehandelt? Das sind die Fragen, die sich jedem Kritiker und jedem Tester stellen – und auf die es keine Antwort gibt.»[16]

Aber genau diese Antworten werden gesucht und auch gefunden,
denn die Wahrnehmung von Leid und/oder Lüge im Gegenüber zu den
eigenen Hilfsmöglichkeiten und ihren Grenzen sind durchaus zueinander
in Relation zu setzen. Nur wenige Andeutungen werden genügen. Ein
Schlafplatz für eine Nacht bildet keine adäquate Lösung für ein junges,
umherziehendes Paar, das ein Kind erwartet. Schon in der lukanischen
Weihnachtsgeschichte erscheint diese Lösung nicht als akzeptabel. Einige Menschen, die unfreiwillig Teilnehmerinnen und Teilnehmer an diesem sogenannten sozialen Experiment wurden, haben in der nachgehen-
den Diskussion darauf hingewiesen, dass es im Grossraum Frankfurt
wesentlich sinnvollere Hilfsmöglichkeiten der Wohlfahrtsverbände in
Deutschland gibt als die eigene Haustür. Vor allem aber erwartet man
mehr Respekt vor der Angst derjenigen, die bereits sehr schlechte Erfahrungen an ihrer Haustür gemacht haben. Dazu hätte es auch nicht dieser
grossangelegten Aktion bedurft, sondern nur der Lektüre der Warnun-
gen der Polizei vor Trickbetrügern etc., die notwendig und regelmässig
ergehen müssen.

Die zitierte, penetrante Diskussion an der Pfarrhaustür erschliesst
aber zwei wesentliche, andere Frageebenen. Wie bei Borchert unüber-
bietbar dargestellt, eskalieren die existenziellen Fragen zwischen Tür und

---

16 Sußebach, Ghetto.

Angel sehr schnell. In diesem Zwischenraum und in dieser kurzen Zwischenzeit werden die zwischenmenschlichen Fragen nach Solidarität und Hilfsbereitschaft transzendiert: «Aber Sie sind doch die Kirche.»[17] Abgesehen davon, wie kurzschlüssig Pfarrer und Kirche miteinander identifiziert werden, werden im Folgenden immerhin wesentliche christliche Überzeugungen eingeklagt. Das ewige Lied vom Traditionsabbruch, der dazu geführt habe, dass das Christentum zu einer weitgehend unbekannten Religion geworden sei, darf hier nicht angestimmt werden. Die Bibel wird scharf zitiert, es geht um Gewissensfragen und sogar um Ablasshandel. Die Glaubwürdigkeit des Christentums insgesamt steht auf dem Spiel und wird an einem einzelnen, aber repräsentativen Individuum umfassend erprobt.

Daraus ergibt sich unmittelbar das zweite Problem: Warum ist ein Pfarrer nicht in der Lage, kompetent die wesentlich passenderen Hilfsangebote zu kommunizieren? Wie getrennt agieren Kirche und Diakonie, dass eine entfernte Jugendherberge näherliegt als eine Diakoniesozialstation oder die Bahnhofsmission, die schliesslich die Lebensmittel von den prüfenden, aber nicht bedürftigen Journalisten zur Verfügung gestellt bekommt? Getestet wurde mit dieser besonderen Weihnachtsgeschichte weniger die allgemeine Hilfsbereitschaft und ihre zwangsläufigen Grenzen, als vielmehr die Kenntnis und Hinweisfähigkeit auf die für diese andernorts alltäglichen Notlagen vorhandenen, institutionalisierten Hilfsmöglichkeiten.

An dieser Stelle herrscht weitreichender Diskussionsbedarf. Matthias Krieg, der Kirchenräume für vielfältig ausgewanderte Aufgaben zurückgewinnen möchte, nennt in einer Fülle beachtenswerter Dimensionen des Kirchenraumes auch die «diakonisch-bergende Dimension»:
«Der Raum als Ort des Asyls: das Refugium [...]
Die Zeit der Gastfreundschaft und Stellvertretung [...]
Die Handlung des Gebens und Teilens». Er führt dazu aus:
«Das Tun des Glaubens hat seine Zeit: für die Aufnahme eines Gastes, ohne zu fragen, um wen es sich handelt, und ohne zu kalkulieren, was man davon haben könnte, für die Pflege eines Fremden, als wäre es Gott, der incognito unterwegs ist. Zeit für Stellvertretung, den Sprung in

---

17 Ebd.

die Bresche, wenn einer sich selbst nicht helfen kann.»[18] Diese Notwendigkeiten aber seien auf doppelte Weise, qua Professionalisierung und Institutionalisierung, ausgewandert und ständen zur «friedlichen Rückeroberung»[19] an.

Damit ist ein schönes und hehres Ziel gezeigt, das seine Grenze in der Tatsache findet, dass es im Alltag der Welt nie nur ein Gast ist, den es an einer Stelle einmalig aufzunehmen gilt. So sprechen denn Nadine Ahr und Henning Sußebach von der «ZEIT» auch wesentlich respektvoller von den Menschen, die sich der dauernden Herausforderung, viele Gäste aufzunehmen, regelmässig stellen. Genau ein Jahr später sind sie, wiederum gut getarnt als tendenziell etwas faules, vom Pech verfolgtes und darum obdachlos gewordenes Paar in Neukölln, einem der sozial schwierigsten Stadtteile Berlins, unterwegs. Dort zeigt sich Kirche von einer anderen, offeneren Seite.

«Ein Bett? Findet sich schliesslich in der evangelischen Bekenntniskirche Treptow. Gemeinsam mit dem Berliner Senat und einigen Wohlfahrtsverbänden betreiben die Kirchen in der Hauptstadt eine ‹Kältehilfe›, reihum öffnen sie im Winter ihre Gemeindehäuser für die Wohnungslosen. Die Sache funktioniert wie ein Wochenplan: Für jeden Abend ist eine andere Adresse eingetragen.» Folgendes, antiidyllisches Bild breitet sich vor den verkleideten Journalisten aus:

«Im Gemeindesaal der St.-Richard-Kirche sind die Tische zu Inseln gruppiert wie in einem Kindergarten. Etwa dreissig Männer und Frauen beugen sich über Schweinsbraten und Kartoffelbrei. […] Da ist die bleiche Marianne, deren Husten den Schlaf der anderen zerreisst. Da ist die stille Annelie, die ihr Lager unter einem Tisch ausbreitet, als schliefe sie in einem Himmelbett. Da ist Rainer, ein hutzeliger Kerl, der stundenlang erzählt, er lebe auf der Strasse, weil ein ‹Geheimgericht› ihn zur ‹Klapsmühle› verurteilt habe. Und da ist Hajo, ein grosser, schlanker Mann, dessen frühere Attraktivität noch zu erahnen ist an seinem Grübchenkinn und an dem vollen Haar, der sich aber trippelnd an den Wänden entlangtastet, seit ihm der Grüne Star die Augen trübt.

Stummes Kauen, Nasenschniefen, zufriedenes Seufzen an den Tischen. Eine Szene wie aus Maxim Gorkis Nachtasyl, diesem Elendsdra-

---

18 Matthias Krieg, Mobilisierung statt Möblierung. Zur Rückeroberung der Kirchen, in: Sigrist, Kirchen, 121–139, hier 131.

19 A. a. O., 132.

ma aus einem Notquartier, in dem es heisst: ‹Der Putz ist weg, nur der nackte Mensch ist geblieben.› [...]

Als der gutmütige, dicke Mann von der Gemeinde sagt, die Leute müssten ‹jetzt leider gehen – wer länger bleibt, hilft spülen›, raffen alle sofort ihr Zeug zusammen. Zu viel Hilfe: Kann es das geben? Ja und nein. Für die Verlorenen wie Hajo, Annelie und Marianne ist dieses System die Rettung. Dass es auch die ‹Touristen› nährt, ist eine Art Kollateralschaden im Kampf gegen die Verwahrlosung. Bedingungslose Nächstenliebe, das bedeutet hier nämlich: Niemand wird um seine Personalien gebeten, niemand wird hinterfragt, niemand abgewiesen. Nicht die echten Betrüger und nicht die falschen, also wir.»[20]

Die Pfarrhaustür mit ihren vorübergehenden Begegnungsmöglichkeiten ist nur ein Teil des weiten Raumes von Hilfe und ihren Relationen. Das soll in einem dritten Teil mit Hilfe eines relationalen Raumkonzeptes näher entfaltet werden.

3. Zwischen Tür und Angel – ein relationaler Kirchenraum?

In der Raumsoziologie, demjenigen Teilgebiet der Soziologie, dem erst in den letzten Jahrzehnten des letzten Jahrtausends wieder angemessene Aufmerksamkeit zuteil wurde, werden (im Sprachgebrauch der Soziologin Martina Löw) ‹absolutistische› und ‹relativistische› Raumvorstellungen unterschieden.[21] Das ältere Bild von Raum versteht ihn als Schachtel, Behälter oder Container, als ein Gefäss also, das auf vielfältige Weise mit Menschen, Dingen, Sphären und Eigenschaften gefüllt oder leer sein kann. Wird der Raum dagegen ‹relativistisch› verstanden, stehen Beziehungen und Bewegungen, Handlungen und Prozesse im Mittelpunkt der Aufmerksamkeit. Mit dem Anspruch, beide Konzepte zu integrieren, entwickelt Martina Löw die Idee eines relationalen Raumes. Ihre Definition erweitert das Raumverständnis: «Raum ist eine relationale

---

20 Beide Zitate Ahr/Sußebach, Neukölln.
21 Vgl. Martina Löw, Raumsoziologie, 7. Aufl., Frankfurt a. M. 2012, 17–35.

(An)Ordnung sozialer Güter und Menschen (Lebewesen) an Orten.»[22]
Das Drinnendraussen an der Pfarrhaustür ist demnach nicht von vorn-
herein ein Raum, sondern es wird ein Raum.[23] Am Ort ‹Pfarrhaustür›
entsteht immer wieder neu und modifiziert ein relational zu begreifender
Raum aus Menschen und sozialen Gütern, die dort platziert werden oder
sich dort platzieren, die aufgrund ihrer materiellen Eigenschaften ver-
knüpfbar sind und auf dieser Basis eine symbolische Wirkung entfalten.
Man denke beispielsweise an die Gestaltung von amtlichen und privaten
Klingelschildern oder die Veröffentlichung von Sprechzeiten der Pfarrperson. Denn «Räume sind nicht natürlich vorhanden, sondern müssen
aktiv durch Syntheseleistung (re)produziert werden. Über Vorstellungs-,
Wahrnehmungs- und Erinnerungsprozesse werden soziale Güter und
Lebewesen zu Räumen zusammengefasst.»[24] Genau diese Prozesse, die
Synthese und Spacing genannt werden, sind in den journalistisch inter-
pretierten Situationen an den Türen der Reichen und der Armen zu be-
obachten und werden in den Essays kommentiert.

Der Raum diakonischer Herausforderungen entsteht an der – vor
langer Zeit – platzierten Pfarrhaustür, allerdings nicht aus dem Nichts,
sondern immer mit Rücksicht auf die Spuren, die frühere Prozesse von
Raumbildungen dort hinterlassen haben und entsprechend vorgestellt,
wahrgenommen und erinnert werden. Theoretisch reichen die Erinnerungen an Hilfsanfragen an Türen evangelischer Pfarrhäuser zurück ins
16. Jahrhundert, bis zum Moment ihrer Entstehung überhaupt. «Das
Plazieren der sozialen Güter, seiner selbst oder anderer Menschen sowie
die Syntheseleistung erfolgen in vor-arrangierten Prozessen, das heisst,
das Handeln vollzieht sich in strukturierten Kontexten, was nicht bedeutet, dass es prinzipiell die Raumkonstruktionen bestätigt. Plazierungen

---

22 A. a. O., 224. Selbstverständlich wird auch dieser Ansatz kontrovers diskutiert. Markus Schroer warnt berechtigt davor, das Konzept des absoluten Raumes «einfach als
antiquiert zu verdammen», denn «Individuen machen die Erfahrung, dass sie in
Räume eintreten, die sich nicht (mit)geschaffen haben und die sie nicht verändern
können.» Schroer, Räume, 176, und Schroer, Bringing, 137.

23 Vgl. Sigrist, Kirchen Macht Raum – Beiträge zu einer kontroversen Debatte über
Kirchenräume, in: Sigrist, Kirchen, 7–19, hier 17.

24 Löw, Raumsoziologie, 225. Vgl. zu Synthese und Spacing ebd., 224–230.

und Synthesen können auch im Widerstand erfolgen. Die Konstitution von Räumen ist daher nie starr, sondern immer prozesshaft.»[25]

Daher ist der Ausgang jeder Begegnung an der Pfarrhaustür offen, lebt jede Kommunikationssituation von den Vorerfahrungen aller Interagierenden, modifiziert jedes Zusammentreffen von draussen und drinnen den jeweils anzutreffenden, veränderlichen Raum. Der häufige Missbrauch von Hilfsangeboten von drinnen nach draussen in der Vergangenheit etwa schliesst nicht prinzipiell gelingende Hilfe in Zukunft aus, erschwert sie aber sicher nachhaltig.

Das relationale Raumkonzept erlaubt aber vor allem, die weiteren Relationen zu berücksichtigen, die zwar an der Pfarrhaustür nicht sichtbar werden, die sich aber qua Syntheseleistung mit diesem Raum unaufhebbar verknüpfen. «Die Syntheseleistung ermöglicht es, Ensembles sozialer Güter und Menschen wie ein Element zusammenzufassen.»[26] Dabei können auch nicht anwesende Menschen und ihre Güter konstitutiv für einen Raum sein.

Wenn die jeweilige Pfarrperson die vorgesehene Syntheseleistung zur Raumkonstruktion erbringt, re-präsentiert sie in ihrer seelsorglich-diakonischen Zuwendung beim Verteilen von materiellen Gütern aller Art zunächst einmal alle Geberinnen und Geber, alle Spenderinnen und Spender von Geld und Naturalien.[27] So gehören z. B. Trauernde eines Abdankungsgottesdienstes, die eine entsprechende Kollekte zusammengelegt haben, anonyme Spender innerhalb der Kirchgemeinde, Stifterinnen einer Erbschaft und ein gemeinnütziger Frauenverein, der Lebensmittelpakete mit dauerhaft Haltbarem ehrenamtlich verpackt und zur Verfügung stellt, unmittelbar zum relationalen Raum an der Pfarrhaustür.

Sodann ist die Pfarrperson beauftragt, auch gegen gelegentlich gewaltigen Widerstand, die demokratischen, kollegialen und partnerschaftlichen Entscheide der gemeinde- und kirchenleitenden Gremien umzusetzen, wenn es z. B. um Kirchenpflegebeschlüsse zur Ausstattung der

---

25 Ebd., 230. Löw schreibt noch «plazieren» statt neu «platzieren».
26 Ebd., 224f.
27 Das schlechte Gewissen, das die «ZEIT»-Journalisten dem Pfarrer unterstellen, treibt sie selbst ebenso stark, so dass sie sich sogleich auf die Seite der Spendenden stellen und darüber hinaus dazu in den beiden Ausgaben der Wochenzeitung unmittelbar vor Weihnachten auch forciert alle Leserinnen und Leser aufrufen.

Spendenkasse überhaupt bzw. der persönlich verantworteten Verfü-
gungssumme für Pfarrpersonen geht, aber auch wenn es bei der gebote-
nen Hilfe um den Verweis auf spezialisierte Fachstellen für Suchtkranke,
finanziell Verschuldete, Eheleute in Krisensituationen oder psychiatrisch
zu behandelnde Personen geht.

Die Pfarrhaustür gehört in das Netz von relational zu fassenden
Hilfsräumen, an der das Bewusstsein aktiv gepflegt werden muss, dass
dieses Netz aus sozialstaatlichen und kirchlichen Angeboten gegenüber
früheren Zeiten äusserst tragfähig und engmaschig, aber dennoch bleibend lückenhaft ist.

Zuletzt ist die Frage zu entscheiden, ob es sich an der Pfarrhaustür um
einen relational zu erfassenden Kirchenraum handeln kann.

Das relationale Raumkonzept erweist sich interessanterweise als anschlussfähig an die Kirchendefinitionen des 16. Jahrhunderts. Weder in
der lutherisch geprägten Confessio Augustana noch in Calvins Institutio
werden bei den Kirchendeutungen Behälterraumkonzepte angewandt,
die bestimmte absolute, heilige Räume voraussetzen. Es werden im
Gegenteil relationale Bestimmungen zur Beschreibung, wo eine Kirche
sei, genutzt. In der Confessio Augustana, Artikel VII, heisst es: «Est
autem ecclesia congregatio sanctorum, in qua evangelium pure docetur et
recte administrantur sacramenta.»[28] Kirchenräume sind demnach überall
dort, wo Menschen und soziale Güter qua Evangelium relational angeordnet werden. Ebenso formuliert Calvin in der Institutio: «Hieraus entsteht nun die anschaubare Gestalt der Kirche, und sie taucht empor, so
dass sie für unsere Augen sichtbar ist. Denn überall, wo wir wahrnehmen, dass Gottes Wort lauter gepredigt und gehört wird und die Sakramente nach der Einsetzung Christi verwaltet werden, lässt sich auf keinerlei Weise daran zweifeln, dass wir eine Kirche Gottes vor uns haben.

―――

28 BSLK, CA VII: «Es wird auch gelehrt, dass allezeit eine heilige, christliche Kirche
    sein und bleiben muss, die die Versammlung aller Gläubigen ist, bei denen das Evan-
    gelium rein gepredigt und die heiligen Sakramente laut dem Evangelium gereicht
    werden.» Weiter in CA VIII über die Wirklichkeit der Kirche, also auch über die
    Wirklichkeit an der Pfarrhaustür: «Ebenso, obwohl die christliche Kirche eigentlich
    nichts anderes ist als die Versammlung aller Gläubigen und Heiligen, jedoch in die-
    sem Leben unter den Frommen viele falsche Christen und Heuchler, auch öffentli-
    che Sünder bleiben […]»

Denn die Verheissung des Herrn kann nicht trügen: ‹Wo zwei oder drei versammelt sind in meinem Namen, da bin ich mitten unter ihnen› (Mt 18,20).»[29]

An Pfarrhaustüren werden zwar in der Regel keine Sakramente verwaltet, aber das Evangelium wird, wie oben gezeigt, eingeklagt und entweder in Wort und Tat angesagt oder verweigert. Dabei ist zu beachten, dass die Verweigerung irgendeiner geforderter Hilfe nicht identisch ist mit der Verweigerung der Kommunikation des Evangeliums, wie es der «ZEIT»-Bericht kurzschlüssig nahelegt, und umgekehrt entspricht nicht jede Gabe dem praktizierten Gebot der Nächstenliebe. Das Wort Gottes kann die Gestalt eines Lebensmittelgutscheins annehmen, aber dieser Vorgang ist nicht zwingend. Ebenso kann derselbe Essensgutschein zum Zeichen der Verweigerung eigentlich notwendiger und sinnvollerer Hilfe werden, kann Ausdruck eines versagten Gespräches, einer unterlassenen Beratung und Begleitung sein, wenn ein hilfesuchender Mensch ausserstande ist, für sich selbst verantwortlich zu sorgen.

Im Zusammenhang mit der Erläuterung relationaler Räume ist deutlich geworden, wie viele Menschen einander zwischen Tür und Angel hintergründig begegnen. Sie bilden einen Kirchenraum, sichtbar und unsichtbar, mit der grösstmöglichen Unschärfe an den Rändern. Daher sind die bei Matthäus und Calvin genannten zwei oder drei Personen, die einen vollständigen Kirchenraum realisieren, nur die untere, aber schon aus organisatorischen Gründen nie erreichte Minimalbestimmung.

Das vorgeschlagene relationale Raumverständnis ermöglicht es also, Kirchenräume auch jenseits der stets vermuteten Orte wahrzunehmen und der relational-räumlichen Trennung von Kirche und Diakonie aufmerksam entgegenzuwirken.

---

29 Johannes Calvin, Unterricht in der christlichen Religion. Institutio Christianae Religionis. Nach der letzten Ausgabe übersetzt und bearbeitet von Otto Weber, Neukirchen-Vluyn 1988, IV, 1, 9.

Schwingungen des Raumes
Architektonischer psychoräumlicher Zugang
zum Kirchenraum

Martina Guhl

Kirche Sein heisst, sie ergründen. Kirchen sind nicht das, was sie heute sind. Sie sind mehr. Sie sind mehr als Gebäude, mehr als Räume, mehr als Orte, mehr als Geschichte, mehr als Landmarks unserer Städte, mehr als internationale Citybrandings, mehr als religiöse Zentren für Gottesdienste.

Sind sie mehr? – Sie sind anders.

Der Kirchenraum bewegt sich im Hier und Dort, zwischen Geborgenheit und Offenheit, zwischen Schutz und Öffentlichkeit, Grenze und Grenzenlosigkeit, zwischen Irdischem und Göttlichem, spiritueller Innerlichkeit und imponierender Äusserlichkeit. Der Kirchenraum ist Raum zum Überraum.

Kirchen sind Gebäude, in denen gefühlt, gedacht, geglaubt wird, in denen Begegnung geschehen soll. Welche anderen Gebäude der Stadt sind ausschliesslich dafür gebaut? Sämtliche öffentlichen Gebäude wie Flughäfen, Universitäten, Museen, Bürobauten werden für eine bestimmte Funktion erstellt. Eine Kirche bauen heisst, einen Ort schaffen. Einen Ort des Seins mit sich, der Welt und mit Gott. Ein Ort im Aussen und in einem drin.

Wie werden Räume zu Orten, zu Teilen unserer Identität? Eine architekturpsychologische Betrachtung versucht den Raum nicht abgekoppelt explizit räumlich, sondern auch hinsichtlich seiner Wirkung auf den Menschen zu erfassen.

Vom Raum zum Ort zur Identität

Überlegungen und Aussagen über Raum zu machen, bedarf vorgängig einer Erläuterung verschiedener Raumbegriffe. Erst das Verständnis und deren Strukturierung erlauben es, die Fragen nach Wirkung und Wahrnehmung anzugehen und mögliche Schlüsse zu ziehen.

So ist der Raum in der Architektur eine abstrakte Grösse, wohingegen mit Lebensraum *der* Raum bezeichnet werden kann, der vom Menschen erfahren und bewohnt wird, der aber wiederum durch den architektonischen Raum seine Prägung und Form erhält.

Und mit dem Leibraum ist wiederum etwas anderes gemeint, nämlich des Menschen eigene Raumhaltigkeit durch seinen Leib und die damit verbundene leiblich sinnliche Wahrnehmung von Räumlichkeit. Das Raumerleben resultiert aus der Extension des Leibraumes.

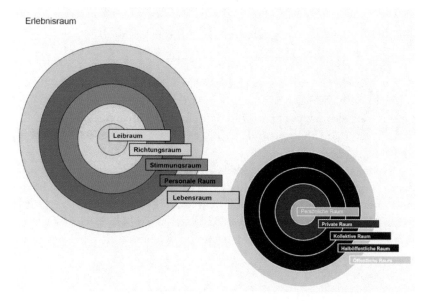

Abb. 1: Phänomenologische Raumwahrnehmungsmodalitäten und Raumqualitäten innerhalb des menschlichen Raumerlebens gemäss Thomas Fuchs. (Darstellung Martina Guhl)

Erlebnisraum / Lebensraum

Grundsätzlich können wir unterscheiden zwischen dem abstrakten mathematischen Raum, also dem künstlich erstellten im Sinne einer Konstruktion, und dem konkret erlebten menschlichen Raum, also dem erfahrbaren, bedeutungsgeladenen Erlebnisraum.

Mit materiell dinglichem Raum kann die gebaute Umwelt, die Stadt, ein Haus, die eigene Wohnung oder beispielsweise der Kirchenraum gemeint sein.

Mit anderen Worten: Jede gebaute Umwelt ist auch eine psychologische Umwelt. Durch unseren Aufenthalt in «ihr» füllen wir den Raum mit Bedeutungen und Gefühlsbezeichnungen. Unsere Erlebniswelt wird durch menschliches Verhalten immer in die gebaute Umwelt eingeschrieben.

Der Raum wird durch die menschliche Aneignung zum Ort. Wir richten uns im Raum ein, gestalten ihn, nehmen ihn ein und schaffen damit Orte. Und schliesslich identifizieren wir uns mit dem Raum und schenken ihm eine Identität («ich fühle mich hier zu Hause» oder «das ist mein Lieblingsplatz»). Das heisst, durch unsere Identifikation mit dem Raum wird er zu einem Teil von uns selbst. Identität entsteht über Verortung im Raum.

Der Kirchenraum wird durch Ereignisse, Stimmungen, Atmosphären zum Kirchenraum. Wenn wir zum Beispiel einen Kirchenraum lieber unter der Woche aufsuchen als an einem Gottesdienst am Sonntag, hat das nicht ausschliesslich mit der messbaren geometrischen Grösse und der Ausstattung des Raumes zu tun. Sondern vielleicht mit meiner Stimmung oder mit meiner Erwartung an diesen Raum, mit meinem Bedürfnis, den Raum alleine zu erleben. Ich werde ihn aufsuchen und ihn auf meine Weise empfinden und als Ort in mir eintragen.

Wir erfahren Raum also über seine mathematisch messbaren Eigenschaften hinaus! Wir empfinden Raum und schenken ihm eine eigene soziale Qualität. Analog dazu hört unser Leibgefühl auch nicht an den Grenzen unseres Körpers auf, sondern weitet sich auf den Umraum aus.

Wie wir Raum erfahren ist komplex und die Aufzeichnung dessen würde den Rahmen dieses Beitrags sprengen. Es wird hier daher eine verkürzte Darstellung, angelehnt an die Raumleibtheorie des Psychiaters Thomas Fuchs, nachgezeichnet. Thomas Fuchs untergliedert in seiner phänomenologischen Betrachtung das Erleben des Raumes in fünf Raumschichten.[1] Selbstverständlich ist diese Unterteilung rein analytisch

---

1   Thomas Fuchs, Psychopathologie von Leib und Raum: phänomenologisch-empirische Untersuchungen zu depressiven und paranoiden Erkrankungen, Darmstadt 2000 (Monographien aus dem Gesamtgebiete der Psychiatrie; Bd. 102).

zu verstehen. Die Raumwahrnehmung geschieht in der gesamten, gleichzeitigen und umfassenden Form *aller* Raumschichten und in der Interaktion *aller* Sinne; sie müssen in dieser Gesamtheit verstanden werden.

Leibraum

In den fünf Raumschichten haben wir den Leibraum als Kern, von dem aus alle primären Beziehungen mit dem Umraum nach innen wie nach aussen gerichtet ausgehen. Die menschliche Mitte der Welt ist der Leib. Das Medium, das uns mit der Welt verbindet. Der Kern sozusagen. Alle leiblichen Empfindungen und Zustände sind im Leib räumlich spür- und lokalisierbar. Er ist Resonanzkörper für Atmosphären, Stimmungen und Gefühle. Er ist schlechthin das Sinnesorgan räumlichen Wahrnehmens und Erlebens. Der Leib ist in einem unmittelbaren Sinn der «Sitz» des Ichs, meines Ichs.

Die ganze räumliche Welt ist mir erst durch den Leib vermittelt: «Ich bin durch meinen Leib eingelassen in die räumliche Welt. Raumerleben setzt die Leibräumlichkeit voraus.»[2]

Richtungsraum

Der Richtungsraum, in dem der Mensch aufgrund seiner Motorik (Gehen und Sehen) den Raum als Handlungs- und Wahrnehmungsraum erlebt, verweist auf das Raumerleben, das aus der Extension des Leibraumes resultiert.

Stimmungsraum

Der Stimmungsraum, der eigentliche seelische Raum, absorbiert Stimmungen und Atmosphären. Gestimmtsein steht in einer dynamischen Wechselwirkung zwischen Mensch und Raum. Die Atmosphäre eines Raumes wirkt auf den Menschen, wie umgekehrt der Mensch in seiner

---

2   A. a. O., 22.

bestimmten Gemütsverfassung in der Lage ist, diese auf den Raum zu übertragen und ihm diese Anmutungsqualität zuzuschreiben.

Personaler Raum

Der personale Raum ist der Raum *zwischen* den Menschen, den ich im täglichen Umgang mit andern erlebe. Er manifestiert sich im alltäglichen Umgang oder Gespräch, wo wir uns unseres Aussenaspektes bewusst werden (der Andere sieht mich ..., hat ein Bild von mir ...; als dezentrale Perspektive) und dennoch bei uns selbst bleiben (als zentrale Perspektive).

Die Aufhebung des unmittelbaren Leibseins geschieht durch das *reflexive Bewusstsein*, das *Selbstbewusstsein:* Ich bin jemand. Ich bin jemand durch meinen Leib. Der personale Raum charakterisiert den Menschen als Person. Man könnte sagen, der personale Raum ist umgangssprachlich der menschliche Zwischenraum.

Lebensraum

Und schliesslich landen wir beim Lebensraum, der alle phänomenologischen Raumwahrnehmungsmodalitäten umfasst. *Der* Raum, der uns immer und allumfassend umgibt. Lebensraum verstanden als Produkt der Interaktion zwischen Person und Umwelt.

Die innerste Schale des Lebensraumes ist der *persönliche Raum.*[3] Der persönliche Raum ist als kleine Schutzzone oder Schutzblase zu verstehen, die ein Organismus zwischen sich und anderen einrichtet.[4] Eine Raumverletzung des persönlichen Raumes ist ein Übergriff in die intimste Zone des Menschen. Diese wird einer Person zum Beispiel durch verbale Beschämungen oder Fluchwörter zugeführt.

Um den persönlichen Raum herum schliesst sich der *private Raum* an, der als Besitz, wie beispielsweise die Wohnung, der eigene Wagen oder dergleichen einer Person zur Verfügung steht. Vom privaten Raum eine

---

3   Lenelis Kruse u. a. (Hg.), Ökologische Psychologie. Ein Handbuch in Schlüsselbegriffen, München 1990.
4   William H. Ittelson u. a., Einführung in die Umweltpsychologie, Stuttgart 1977, 170.

Schicht weitergehend gelangen wir zum kollektiven oder halböffentlichen und schliesslich zum öffentlichen Raum.

Der *halböffentliche* Raum ist ein kollektiv genutzter Raum, der den Zugang von mehreren Menschen zulässt, die etwas Gemeinsames miteinander teilen. Das kann der Hinterhof einer Blockrandbebauung sein oder eine gemeinsam genutzte Tiefgarage oder ein Gemeinschaftszentrum.

Der *öffentliche* Raum ist der Raum, in dem sich *alle* Menschen öffentlich befinden und erleben, der somit allen zur Verfügung steht, in seiner Wertigkeit aber individuell erfahren wird. Der öffentliche Raum ist der vom Menschen interpretierte universale Aussenraum, der erst in der Beziehung zum Menschen eine Qualität erhält.

Die im Lebensraum enthaltenen, unterschiedlichen Raumqualitäten werden von innen nach aussen weniger eindeutig identifizierbar. Der öffentliche Raum ist überall und «gehört» allen, während der persönliche Raum nur einer Person angehört. Den innersten, persönlichen Raum nehmen wir überall hin mit und somit ist er in allen anderen Raumqualitäten enthalten. Ein Koffer, den wir auf Reisen mitnehmen oder die Tasche, die wir täglich rumtragen, verkörpert beispielsweise diesen persönlichen Raum.

Der zu mir gehörig empfundene Raum endet also nicht an der Haut, sondern umfasst ebenso meine Kleidung, mein Zimmer, in dem ich lebe, mein Haus, mein Quartier, meine Stadt. Leib und Raum bedingen einander und sind aufeinander bezogen. Der Mensch braucht den Raum. Er ist nicht bloss ein Behälter oder ein Gefäss, in das der Mensch reingestellt ist. Er ist nicht unabhängig vom Menschen einfach da, sondern wird durch das Verhältnis zu ihm erst bestimmt.

Der *erlebte* Raum ist also kein vom Subjekt abgelöster Gegenstand. Das menschliche Dasein ist nur denkbar in Bezug auf einen Raum. Es braucht den Raum, um sich darin zu entfalten. Räumlichkeit ist eine Wesensbestimmung des Menschen. Das menschliche Leben ist durch sein Verhältnis zum Raum bestimmt. Raum wird zum Entfaltungsraum menschlichen Lebens, zum Entfaltungsraum des Ichs.

Was heisst das nun, wenn wir uns dem konkreten physischen Raum, dem Kirchenraum zuwenden? Beim Kirchenraum handelt es sich um einen architektonischen, vom Menschen bewusst gestalteten Raum, der nicht nur als Raumhülle, sondern auch auf emotionaler Ebene als Erfahrungsraum erlebt wird. Ein Erfahrungsraum, der in seiner geschichtlichen Dimension sowie in der eigenen Biografie des Individuums eine eigene Bedeutung hat. Er wird im Kollektiv sowie individuell erfahren. Als leibräumliche Wesen erfahren wir ihn durch die Interaktion aller Raumschichten – als Handlungs- und Wahrnehmungsraum (Richtungsraum), als atmosphärischen Raum (Stimmungsraum), als personalen Raum in der Begegnung mit dem Andern und als Lebensraum. Dabei wird uns weitgehend unbewusst gewahr, ob er uns entspricht, uns einlädt, ein Teil von uns wird. Wir schaffen eine Beziehung zu ihm.

Der architektonische Raum

Der architektonische Raum lässt sich grundsätzlich in einen Innen- und Aussenraum unterscheiden. Diese räumliche Konstellation enthält logischerweise eine bedeutende psychologische Qualität.

Innen

Durch die Mauern des Hauses wird aus dem grossen allgemeinen Raum, ein *besonderer, privater Raum* ausgeschnitten oder baulich geschaffen und so ein Innenraum vom Aussenraum getrennt. Der Mensch, der unter anderem durch die Fähigkeit, Grenzen zu setzen, bestimmt ist, setzt damit sichtbare Grenzen.

Der «Mein Raum» erlaubt die Meinhaftigkeit des Leibes, der eine Wirkung von mir als Mensch auf meine Umgebung erlaubt und mir zugesteht. Um in der Welt zu bestehen, braucht der Mensch einen Raum der Geborgenheit, des Friedens, des Rückzugs. Dieser Vorgang der Selbstwerdung des Menschen verlangt bestimmte räumliche Voraussetzungen, nämlich die Existenz eines Innenraumes. Der Innenraum als Raum der Geborgenheit, der Ruhe, des Friedens wird durch das Haus, in dem ich wohne, das Wohnhaus oder durch meine Wohnung, manifest. Das Haus wird zur konkreten Mitte meiner Welt. Die Weise, wie der Mensch in seinem Hause lebt, bezeichnen wir als «wohnen». Das Wohnen ist also eine Grundverfassung menschlichen Lebens. Wohnen heisst an einem bestimmten Ort «zu Hause Sein».

Das Haus

Das Haus ist die erste Welt des menschlichen Seins. In der Welt da draussen würde der Mensch seinen Halt verlieren. Der Mensch würde heimatlos auf der Erde, weil er an keinen Ort mehr besonders gebunden ist. Er braucht einen festen Bezugspunkt, auf den alle seine Wege bezogen sind, von dem sie ausgehen und zu dem sie zurückgehen. Der Mensch braucht eine solche Mitte, durch die er im Raum verwurzelt ist. Die Stelle eines Hauses, die innerhalb eines grossen, ursprünglich grenzenlosen Raumes einen bestimmten Bereich herausschneidet und dadurch von der übrigen Welt unterschieden wird, trägt aufgrund dieser Besonderheit einen gewissen sakralen Charakter.

Der Philosoph Cassirer sagt: «Die Heiligung beginnt damit, dass aus dem Ganzen des Raumes ein bestimmtes Gebiet herausgelöst, von andern Gebieten unterschieden und gewissermassen religiös umfriedet und umhegt wird.»[5] «Im lateinischen Wort ‹templum›, das wörtlich das ‹Herausgeschnittene› bezeichnet, kommt das schon sprachlich zum Ausdruck [...]».[6] Otto Bollnow, Philosoph und Phänomenologe, erfasst die archaische Bedeutung der menschlichen Behausung in den tief greifenden Worten: «Jeder Hausbau ist die Gründung eines Kosmos in einem Chaos.»[7] «Jedes Haus ist ein Bild der Welt im Ganzen. [...] Jede menschliche Raumordnung, nur die Wiederholung einer urzeitlichen Tat – die Umwandlung des Chaos in Kosmos durch den göttlichen schöpferischen Akt.»[8] «Um in der Welt leben zu können, muss man sie gründen».[9] Wir ergründen im Wohnen unsere Welt.

---

5   Ernst Cassirer, Philosophie der symbolischen Form, Band 2, Hamburg 1925, 123
    (zit. nach Otto Friedrich Bollnow, Mensch und Raum, 10. Aufl., Stuttgart 2004, 144).
6   Vgl. dazu Heinrich Nissen, Das Templum. Antiquarische Untersuchungen, Berlin
    1869 (zit. nach Bollnow, Mensch und Raum, 143).
7   Bollnow, Mensch und Raum, 144.
8   Mircea Eliade, Das Heilige und das Profane. Vom Wesen des Religiösen, Hamburg
    1957, 19 (zit. nach Bollnow, Mensch und Raum, 144).
9   Eliade, Das Heilige, 13 (zit. nach Bollnow, Mensch und Raum, 144).

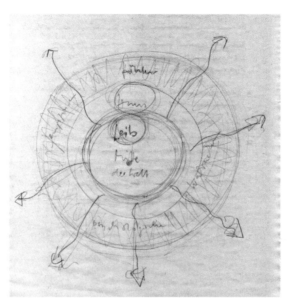

Abb. 2: «Leib – Haus – Fühlen»: Leib als Kern, Haus als erste Mitte, Raumschichten, mit denen wir den Raum wahrnehmen; der menschliche Raumwahrnehmungs-Komplex. (Skizze Martina Guhl)

Aussen

Der Mensch lebt aber nicht nur als Wohnender, sondern auch als Wandernder, was sich auch räumlich ausdrückt. Der Ort des Hauses bedarf einer Ausdehnung. Das Gegenstück zum Innenraum ist der Aussenraum – das Gegenstück von Nähe ist Weite, Ferne und Fremde. Die Ausdehnung des Raumes bedeutet, die bewohnte Nähe zu verlassen – in die Unendlichkeit der möglichen Wege eines Aussenraumes eintauchen – in die Unbegrenztheit aller Wegrichtungen. Der Mensch taucht in den Aussenraum, in den exzentrischen Raum, womit er auf andere Menschen trifft. Der exzentrische Raum ist der Raum des menschlichen Zusammentreffens und -lebens einer Gesellschaft. Das ist der Raum der Strasse, des Weges, der Plätze, der Zwischenraum zwischen den Häusern, der Stadtraum. Der Raum menschlichen Zusammenlebens ist also der Raum dazwischen, der Leerraum, der Raum, der zwischen den Häusern übrig bleibt oder der eigentlich ursprüngliche Raum, bevor Häuser erstellt wurden.

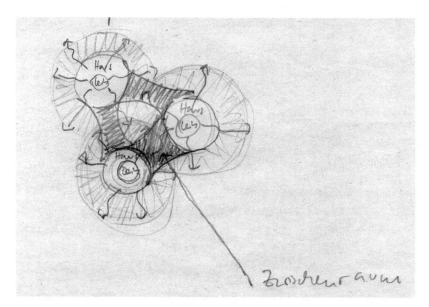

Abb. 3: «Der Zwischenraum»: So entwickelt sich ein komplexes Raumsystem, in dem der Einzelne mit seiner individuellen, räumlichen Erlebniswelt auf die anderen trifft und sich der ganze Komplex innerhalb räumlicher Konstellationen manifestiert. Auch der Umraum, der konkrete, gebaute Raum der Stadt hat somit immer und ständig Anteil an der Selbstwerdung. (Skizze Martina Guhl)

Die Stadt

Wie sieht denn die Grundbehausung des Menschen in dieser Welt aus, seine Einrichtung im Aussenraum, ausserhalb des Wohnens? Ein einzelnes Haus und seine äussere Erscheinung sind selbstverständlich nicht unabhängig von ihren Kontexten zu betrachten. Die Anhäufung von einzelnen Häusern, also die Anhäufung häuslicher Innenräume und der Zwischenräume, führt zur Stadt. Ursprünglich war die Stadt mit der schützenden Stadtmauer letztendlich nichts Anderes als das Haus im Grossen. Heute leben wir in einer entgrenzten Welt. Die Städte wachsen ins Umland und sind nicht mehr klar abgegrenzte Gebiete.

Der psychologische Raum

In dieser grundsätzlichen Unterscheidung des Raumes in einen Innen- und einen Aussenraum können wir zwei ebenso grundsätzliche raumbezogene Bedürfnisse erkennen. Der Innenraum funktioniert als Rückzugsort von der Welt draussen. Die Sehnsucht nach Innenraum, Privatraum gründet in *der Sehnsucht der Selbstbestimmung,* nach Innenschau, nach Begrenzung und Einschränkung des Informationsflusses, nach Abgrenzung gegenüber der Öffentlichkeit, in einem Bedürfnis nach eigenem Raum, um sich zu begreifen und bei sich zu sein. *Das Haus dient der Selbstbestimmung des Ichs.*

Im Gegensatz zur Bewahrung und Geborgenheit ist die Sehnsucht nach Aussenraum *die Sehnsucht des Menschen, sich zu entfalten,* sein Leben auszubreiten, seine Identität in der Welt zu finden, durch die Inanspruchnahme von Orten. Beide raumbezogenen Bedürfnisse, nach *Rückzug* (Innenraum) und nach *Extension* (Aussenraum), sind also Vorbedingung zur Entwicklung menschlicher Identität. In beiden Fällen ist die *Aneignung* von Raum eine Notwendigkeit. Aneignung von Raum ist somit Aneignung von Identität.

Der Kirchenraum

Was erfüllt der Kirchenraum im Kontext stadtbezogener Identität?

Das Kirchen-HAUS erhält wie das Wohn-HAUS eine Heiligung dadurch, dass aus dem Ganzen des Raumes ein bestimmtes Gebiet herausgelöst wird, ein Gebiet, das umfriedet ist und sich von seinem universalen Umraum unterscheidet. Der Unterschied zum Wohn-HAUS besteht jedoch darin, dass das Haus der Menschheit und nicht nur einer einzelnen Familie Einlass bietet.

Funktional betrachtet ist der Kirchenraum also ein öffentlicher Raum. Räumlich gesehen handelt es sich jedoch um einen Innenraum. Das macht die Besonderheit dieses «Hauses» aus. Es besitzt die Raumqualitäten eines Innen- sowie eines Aussenraumes.

Der Kirchenraum bietet Raum, um zu sein, um bei sich zu sein, um sein Sein zu bestimmen. Gleichzeitig bietet er Ausdehnung im Sinne eines überräumlichen, spirituellen Sich-Entfaltens im Rahmen von schützenden Mauern, von Geborgenheit.

Er verkörpert mystischen Überraum, eine Strasse zum Himmlischen, die über das rein Räumliche hinauswächst, in dem er in der Abschirmung zur Aussenwelt einzigartig ist. Kirche ist etwas zwischen Transzendenz (Membran) und Grenzziehung (Schutz), Geborgenheit und Abschirmung von aussen, ein umfriedeter Raum, analog zur Stadtmauer. Kirche ist kein öffentlicher Raum, aber auch kein privater, oder Kirche ist sowohl öffentlicher als auch privater Raum.

Kirche ist anders, ein Anders-Ort (M. Foucault): Kirche ist der Anders-Ort der Gesellschaft, der Gegenwelten zusammenträgt, die zur Lebensbewältigung notwendig sind. Kirchenraum ist etwas zwischen Wärme und Geborgenheit, zwischen Metaphysik und Wirklichkeit. Zwischen Mensch, Raum und Gott. Zwischen Aussen und Innen, zwischen Zugehörigkeit und Ausgegrenzt-Sein.

Wie erwähnt entwickelt sich stadtbezogene Identität aus der Polarität von Rückzug und Entfaltung. Die Sehnsucht nach einem Platz gründet in der Sehnsucht, sich zu entfalten, sein Leben auszubreiten, Leben anzueignen. Der öffentliche Raum dient der Entfaltung des Ichs. Die Sehnsucht nach Privatraum gründet in der Sehnsucht nach Selbstbestimmung. Der private Raum dient der Selbstbestimmung des Ichs.

Räumlich gesehen erfüllt Kirche diese Polarität: Kirche bildet Schutz/Abschirmung, und ist zugleich ein offener Raum für alle. Kirchen verfügen über eine spezifische Öffentlichkeitsdimension. Sie sind zeitliche und räumliche Schutzzonen in der Stadt. Und sie waren schon immer eine Fortsetzung des öffentlichen Aussenraumes in einen Innenraum. In einer entgrenzten Welt erfüllt die Kirche die räumliche Dualität von Aussen und Innen.

Könnte der Kirchenraum ein Gegenraum sein, der sich gegen einen kommerzialisierten öffentlichen Raum wendet? Enthält der Kirchenraum das Potenzial eines neuen öffentlichen Raumes?

Kann er das übernehmen, was den Städten allmählich verlustig gegangen ist? Nämlich der Kommerzialisierung des öffentlichen Raumes widerstreben und eine Gegenwelt zur eindimensionalen Verzweckung der Welt darstellen?

Trägt der Kirchenraum das Potenzial in sich, als *spezifisch öffentlicher* Raum gleichzeitig sowohl der Entfaltung wie der Selbstbestimmung des

Menschen, des Ichs zu dienen und ein Modell für neue Formen der Gesellschaft zu werden?

Ist er der Raum, der dem menschlichen Zusammentreffen und -leben ein Zuhause schenkt? Können Kirchen helfen, öffentliche Räume zu erhalten oder sogar zurückzugewinnen?

Die Bedeutung der Kirche für die Stadtstruktur

In der Stadtstruktur erfüllen Kirchen eine symbolische, bauliche und eine spirituelle, kulturelle Aufgabe. Als historische Symbolträger, als Symbol des Bleibenden stellen sie eine wichtige Identitätssäule des Stadtkörpers dar. Kirchen wirken stabilisierend auf den Stadtkörper. Sie wirken der Identitätslosigkeit und Gleichförmigkeit der Städte entgegen; der Gleichförmigkeit, die sich nur noch für die Oberfläche der Stadt und nicht mehr für ihre Eigenschaften interessiert.

Kirchen sind Orte, die nicht erst geschaffen werden müssen. Sie sind seit Jahrhunderten prägender Teil der Stadtstruktur. Städtebau ist erstmal Leere – er wird gefüllt von öffentlichen und privaten Gebäuden, die in einer Ordnung zueinander kommen. Der Raum dazwischen ist öffentlich und für das Kollektiv bestimmt. Kirchen sind Gebäude und ein Teil dieser Raumordnung. Die Kirche trägt bei zur Ordnung im Stadtbild. Des Menschen Beziehung zum Raum entsteht über Sinn. Die Kirchen sind Teil dieses Sinnes, dieses Orientierungssinnes.

In der Architektur bedienen wir uns einer Sprache, die wir nicht sprechen, die wir fühlen, die wir begehen. Die Sprache des Raumes. Die Kirche ist ein Raum, ist ein Saal, denkmalgeschützt. Sie ist ein Haus, ein Ort, ein Ort in der Stadt, eine Geschichte, ein Leben. Das Gebäude des Kirchenraumes besitzt also plurale Identitäten, spricht mehrere Sprachen.

Die Stadt ist nicht nur eine Formwerdung von Gebäuden und Leerräumen, sie ist eine Wechselwirkung von Raum, Gesellschaft und Mensch, deren Idee sich erst im Zusammenleben der Menschen formt.

Relationalität des Kirchenraumes zum Menschen

In der Beziehung des Raumes zum Menschen könnte der Kirchenraum als die verdichtete Form von Innen und Aussen betrachtet werden. Die dialektische Annäherung an das, was Kirche ist, erweist die Komplexität des Phänomens: Sie ist Stadt im Kleinen und drückt das aus, was die seelische Identität in ihrem Innern trägt und für den Menschen sein will, Offenheit und Schutz in einem – eine Art Seele der Stadt?

Ist Kirche wie Semper sagt «Herd der Stadt»?
Kirche ist identitätsstiftend, die verdichtete Form von Innen und Aussen.
Kirche ist Raum voller Spuren (Klaus Raschzok)
Kirche ist ein «Anders-Ort» (Michel Foucault)

Kirche, der SEELENRAUM der Stadt?

Fazit

Erst die räumliche Trennung, die Wand, die Mauer, ermöglicht die Definition eines Innen und Aussen. Der Mensch braucht Grenzen zur Selbstbestimmung. Der Raum wird zum Ort durch die menschliche Aneignung. Raumwahrnehmung heisst Sinnerschliessung, Raumbeziehung bedeutet Wertigkeit. Wir erschliessen Raum über unsere Sinne, bauen eine Beziehung zu ihm auf und identifizieren uns mit ihm. Identität entsteht über Verortung im Raum.

Der Mensch braucht Raum, um seine Identität zu entwickeln. Er ist nur im Raum existent und genau genommen nur in dem Raumgefüge, in dem er sich «zu Hause» fühlt; keiner kann sich selbst anderswo vorstellen als «zu Hause». Die Wahrnehmung der eigenen Identität, sich selbst fühlen, eine Identität erleben, ist nur in diesem Eigenraum möglich. Der Raum, ob Innenraum oder Aussenraum, wird gefühlt, erlebt, empfunden durch die Gesamtheit aller Raumwahrnehmungsmodalitäten des Erlebnisraumes.

Wir brauchen Innenräume zur Selbstbestimmung und Aussenräume zur Entfaltung von Leben. Das raumbezogene Bedürfnis nach Rückzug und Ausdehnung ist notwendig zur Entwicklung des menschlichen Selbst. Kirche verbindet alle diese Räume.

Durch die menschliche Aneignung wird sie zum Ort des Rückzugs und der Entfaltung, ein Tag-Nacht-Ort, ein dialektischer Ort.

Schlussfolgerung

Um Kirche zu sein, muss Kirche sich ergründen. Wenn Kirchen Orte
werden sollen, müssen sie ergründet werden. Die Ergründung des Kirchenraumes setzt die menschliche Aneignung voraus. Dies wiederum
verlangt, dass der Raum verwoben werden kann, ein Teil meiner Identität wird.

Kirche Sein heisst, sie ergründen. Ergründen im Sinne von Raum teilen,
den Ort teilen, um das Entstehen einer neuen Identität zuzulassen,
Raumteilen mit dem Anderen, mit Kunst, mit Menschen, mit Leben.
Und dies nicht im Sinne der Gastgeberin oder im Rahmen eines aufge-
setzten Programmes oder einer künstlichen Struktur, sondern in der
bewussten und aktiven Öffnung zum Leben des Alltags, der Gemeinschaft, im Sinne der Schaffung und des Lebenlassens eines anthropologischen Raumes, der Bündelung von dem, was der Stadt droht abhanden
zu kommen, ein Anti-Raum zum Raum des Konsums, ein neu-alter
Raum der Öffentlichkeit, der Berührung und wahren Begegnung, der
Gemeinschaft, die sich anschauen will, die miteinander zu tun haben will;
der Austausch, die Interaktion, die Bereitschaft zur spontanen Aufnahme
von Kulturschaffenden, von «Wohn-Raum», von Gesprächen, von neuem Leben. Ein Ort, wo Ausdruck möglich ist, jedwelcher Natur; die
Schaffung eines Kirchen-Ichs, um die Welt zu gründen. Kirche sein
gründet Sein, auch das Anders-Sein.

Teil 2

Im Anschluss an die psychoräumliche, theoretische Auseinandersetzung
mit Kirchenraum soll anhand eines konkreten Umbaus einer denkmalge-
schützten Kirche aufgeführt werden, wie die Übersetzung in die räumliche, gestalterische Sprache aussehen kann.

Die Autorin hat den Kirchenumbau im Rahmen ihrer Tätigkeit als
Architektin entworfen und umgesetzt.

Eröffnungsrede anlässlich der Wiedereröffnung der Evangelisch-Methodistischen Kirche, Zürich 4

Umbau einer Kirche

Was ist Kirche? Was will sie sein? Was soll sie erfüllen?

Vor beinahe 100 Jahren hat diese Kirche zum ersten Mal ihre Tore geöffnet, im Laufe der Zeit wurde das Innere verfremdet durch zweckgebundene bauliche Veränderungen bis schliesslich eine Renovation mit Umbau nötig war. Nun ist der Raum wieder in seiner ursprünglichen und gleichzeitig neugeborenen Schönheit erleb- und erfahrbar.

Abb. 4: Der Kirchenraum der Evangelisch-methodistischen Kirche *vor* dem Umbau im Jahr 2000. (Foto: unbekannte Quelle)

Die seit Jahren verschlossenen, zur Stauffacherstrasse liegenden schweren Eicheneingangstüren wurden beide wieder geöffnet und man betritt den Saal vom Entréebereich durch eine blau schimmernde Glashaut, die halbtransparent, aber lichtdurchlässig den Kapellenraum vom neuen Treppenhaus trennt. Die Erschliessung ist daher indirekter Lichtspender für den Raum, von wo aus die Menschen im Treppenhaus nur silhouettenhaft erkennbar sind.

Abb. 5: Der Kirchenraum der Evangelisch-methodistischen Kirche nach dem Umbau 2003. (Architektur: Martina Guhl mit Guhl und Partner AG / Foto: Martin Müller)

Die neu eingesetzte Treppe, die Saal und Empore verbindet, ist aus rohem Metall. Ihre geschwungene, an Flossen erinnernde Unterkonstruktion nimmt in ihrer Formensprache Bezug auf die damalige Zeit der Ornamentik.

Die beiden Eingangstüren sind durch ihre wieder gewonnene Öffnung und Zugänglichkeit als Haupteingänge räumlich klar definiert. Zugänglichkeit zu was? Zu einem Raum, zu einer Kirche. Aber wo beginnt Kirche, wo hört sie auf? Sollen Grenzen sein bei einer Kirche? Was bedeutet Kirche-Sein eigentlich und wie soll eine Kirche aussehen? Wie verstehen wir Kirche? Wie kommunizieren wir sie, nach aussen, nach innen?

Die Umsetzung dieser Fragen in eine räumliche Sprache war die Herausforderung an dieses Projekt.

Kirche findet überall statt.

Fern von starrer Bestuhlung von «Standard»-Kirchen ermöglichen im Raum schwimmende Schiffchen – Bänke mit Holzrost auf einem Metallrahmen mit Federrollen – ein freies sich Nieder- und Einlassen im Raum. Die Menschen sollen sich frei im Raum bewegen und setzen können, ihn aus eigens gewählter Perspektive erfahren und der Stimme eines Redners von irgendwoher lauschen, statt im Rahmen einer festgemachten auf die Nische gerichtete und fixierte Bestuhlung festgelegt zu werden.

Der Boden als räumliche Gegenseite zur ornamentierten und mit ihren markanten Unterzügen stark strukturierten Decke – ein Bauzeugnis des historischen Übergangs traditioneller Bauweise in industriell geprägte Architektur – ist aus gestalterischen Aspekten schlicht gehalten. Gleichzeitig erfüllt er eine uns völlig selbstverständliche, aber ungemein wichtige Funktion: Er ist die tragende Plattform aller.

In den Seitenschiffen liegt wie ein Kranz ein gegossener, asphaltfarbener Zementboden, der die Thematik der Öffnung zum Quartier und der Idee, die Strasse in die Kirche reinzuholen, aufnimmt. Die Grenzen nach aussen sollen fliessend sein. Jeder und jede soll Eintritt finden. Die Kirche will die Sprache der Strasse, des Quartiers, des Menschen auf der Strasse sprechen.

Je weiter man ins Herz des Raumes kommt, in den Innenraum vom Innenraum, das Weichteil der Kirche, umso wärmer wird das Material – ein Holzriemenboden aus geölter Eiche. In architektonischer Hinsicht wird dadurch das zweigeschossige Mittelschiff hervorgehoben. Gleichzeitig hat diese Massnahme aber auch eine psychologische Dimension, den Menschen wärmend und schützend in sich aufzunehmen.

Abb. 6: Der Kirchenraum der Evangelisch-methodistischen Kirche nach dem Umbau mit verschiebbaren Sitzbänken (Schiffchen), mit der Nische als weisse Wand und dem rohen rostigen Kreuz als Intarsie im Boden. (Architektur: Martina Guhl mit Guhl und Partner AG / Foto: Martin Müller)

In beide Böden, den warmen und den strassenartigen, eingelegt liegt ein langes, metallenes, rostiges, rohes Kreuz. Es durchstösst und verbindet diese gleichzeitig. Das Kreuz steht für das Thema der Durchdringung und Verbindung, ein uraltes, biblisches Thema. Anstelle eines Kreuzes wie ein Bild nachträglich aufgehängt irgendwo an der Wand, soll es, als ein selbstverständlich integrierter Teil der Bausubstanz, die ewig seiende und dennoch unfassbare Existenz Gottes ausdrücken und in seiner rohen Erscheinung das Grausame, das Rohe der Kreuzigung und die Radikalität und Absolutheit des Evangeliums darstellen.

Das Kreuz – aus seiner Mitte genommen und quer durch die Böden stossend, Restflächen bildend – drückt das aus, was wir täglich im Leben erfahren: Restflächen, d. h. Anteile, die nicht aufgehen, die das Leben aber eigentlich ausmachen, die Spannung und Ungereimtheit einer je unterschiedlichen Gottesannäherung anstatt eines permanent auf einen einwirkenden Holzkreuzes an der Wand. Es ist Trennung und Verbindung in einem sowie tragender Bestandteil aller, die ihren Fuss auf diesen Boden setzen, gleichzeitig aber auch auf diesem Kreuz stehen, trampeln und dieses treten können, in dessen Namen fürchterliche Kriege stattgefunden haben. Statt des ursprünglichen grossen, hölzernen Kreuzes in der Mitte der hohen, raumzentrierten Nische der Hauptwand wurde diese befreit und erlaubt nun als einzig ruhende, durchgehend weisse Wand, jedem seine eigenen Vorstellungen und Gottesbilder zu schöpfen. Wie zwei riesige, ruhende Achsen quer durch die Mitte des zweigeschossigen Innenraumes laufend und den Raum untereinander verbindend, in dem es in die Ecken zeigt, ist es nur aus der Distanz, auf der Empore, in seiner gewaltigen Weite und Grösse sichtbar; direkt darauf stehend, ist es nur stückweise erfahrbar.

Kirche findet in der Seele jedes Einzelnen statt.

Es geht in diesem Umbau nicht allein um Lösungen im Sinne der technischen Machbarkeit oder unter Beachtung wirtschaftlicher, ästhetischer und funktionaler Aspekte, es geht auch um die Frage nach Identität und deren Übersetzung in eine räumliche Sprache. Die Konfrontation mit diesem Thema und der Frage nach der entsprechenden baulichen Umsetzung verlangt nach einer inneren Auseinandersetzung und fragt nach einer Bereitschaft zu einer prozesshaften Veränderung in jedem Einzelnen.

Sind wir bereit für einen Umbau, für eine gebaute Kirche, die die Öffentlichkeit mit einbezieht, oder wollen wir lieber unter uns sein? Kirche ist in erster Linie ein Ort, wo Menschen zusammenkommen können, ein Ort, der Begegnung ermöglicht, der offen ist für alle. Wie weit wollen wir gehen mit der Idee der offenen Kirche, die alle rein lässt, und zwar so wie sie sind?

Wollen wir einen Raum, der sauber und aufgeräumt ist? Der aber das Aussen vielleicht aber gerade dadurch ausgrenzt? Oder besteht Kirche eben darin, dass der Raum eben anders ist als das Draussen? Diese Thematik lässt einen erst die Widersprüche erkennen, je tiefer man in sie eintaucht.

Grenzen?

Sollen sie sein bei einer Kirche? Was bedeutet dies für die Aussenmauern, für die Fassaden, für ihr Gesicht? Wie kommuniziert Kirche sich nach aussen? Wir haben verschiedene Arten von Kirchen, wovon ich zwei in diesem Zusammenhang hervorheben möchte: Die jahrhundertealten Baudenkmäler, die ursprünglich Markthallen, politische Zentren, Obdach für Bedürftige etc. waren, deren Mauern heutzutage aber weitgehend geschlossen gehalten werden, und die Freikirchen, oft in Neubauten untergebracht, die sich explizit als offen deklarieren, letztendlich aber unter sich sein wollen.

Der Versuch einer gewissen Auflösung der dicken Mauern dieses Kirchenhauses und die Idee, den Innenraum nach aussen fliessen zu lassen, durch das Einbringen einer indirekten Lichtquelle am Fusse eines jeden Rundbogenfensters, war der Bauherrschaft zu öffentlich und wurde nicht umgesetzt.

Gegensätze?

Es geht in diesem Raum nicht nur um die Gegensätze alt–neu, das heisst, um das Hervorholen wunderschöner, alter Bausubstanz und das Einbringen neuer Elemente im Sinne von gestalterischen Überlegungen, sondern auch um theologische, philosophische, psychologische, kulturelle Fragen, um Fragen, die einen Raum ausmachen und ihm eine Sprache schenken, die gelesen und entdeckt werden will.

Architektur verstanden als Entwurf des Zusammenlebens. Alle Räume sind immer wieder Ausdrücke von Leben, von Lebensarten, Lebensformen, von Zeitgeist und Wertvorstellungen. Sie werden selber fast zu selbstständigen Lebewesen. Sie atmen, leben in der Interaktion mit dem Menschen.

Meine Arbeit will eine Brücke schlagen zwischen Menschen und Raum. Für die neuen Elemente wie Verglasung, Treppe, Treppengelän-

der, Bühne, Sockelmöbel etc. wurde mit harten, kalten und scharfkanti-
gen Materialien wie Metall, Glas, Stein gearbeitet, um das Rohe, das Radikale, das Kompromisslose des Evangeliums darzustellen. «Ich bin der
Weg, die Wahrheit und das Leben.» Sie stehen in einem deutlichen Kon-
trast zur alten, bereits vorhandenen Bausubstanz.

Was sich die Bauherrschaft gewünscht hat: Licht, Öffnung, Polyva-
lenz, aber auch Schutz, Heiligkeit, In-sich-sein-Können. Auch in der
Architektur spricht man von Trinität, von Licht, Luft und Sonne. In der
Rhetorik des Christentums gilt Licht als Zeichen für das Gute, das
Schöpferische, das Heilsame. «Licht erzeugt aber immer auch Schatten.
Und beide zusammen formen Räume.» (Le Corbusier) Das ist die spannende Dialektik, die jeder Raum in sich trägt. Diese herauszuschaffen
und dem Raum in seiner Ästhetik, Bedeutung und Ganzheit gerecht zu
werden, ist die Herausforderung, die dieser unübliche und dadurch sehr
besondere Kapellenraum stellt.

Wir bauen das Haus um und schaffen damit Identität.

Und dabei merken wir, dass eigentlich nicht wir das Haus umbauen,
sondern das Haus uns … Lassen wir uns auf diesen Prozess ein? Lassen
wir das Leben immer ein Stück Baustelle sein?

Kunst, Kirche, Raum

Andreas Vogel

Wenn es in den letzten Jahren um das Verhältnis der bildenden Kunst zur Kirche ging, dann war meist von «Kunst und Religion» die Rede. Unter diesem Begriffspaar subsumiert sich, was im weitesten Sinne und in irgendeiner Form mit dem Interesse von Künstlern und Künstlerinnen an liturgischen Zeremonien, Ritualen und Repräsentationstechniken zu tun hat. Die Wiederentdeckung von Religion als Thema, die Verwendung religiöser Themen (auch ohne religiöse Inhalte) spiegelt sich in Werken, Ausstellungen und Publikationen,[1] aber auch in Skandalen. Die Frage, wie es um die historisch ebenso bedeutsame wie gewachsene, aktuell aber nicht mehr selbstverständliche Beziehung zwischen Kunst und Kirche stehe, muss aber gleichwohl, selbst diplomatisch ausgedrückt, mit «teilweise problematisch» beantwortet werden.

Denn dort, wo sich die bildende Kunst mit Religion beschäftigt, hat das zunächst einmal noch nichts mit Kirche zu tun – weder mit der Institution, noch mit dem Ort. Bedeutung, Möglichkeit und Funktion zeitgenössischer Kunst im Kirchenraum oder gar innerhalb der Liturgie spielen in diesem Zusammenhang eine untergeordnete Rolle. Lebendig wird das Verhältnis aktuell eigentlich erst, wenn es um gegenseitige Übernahmen geht: Etwa rund um das Phänomen sogenannter «Freikirchen», die teils als weltweit agierende Glaubensgemeinschaften in den letzten Jahren interventionistisch soziale und politische Räume bespielen, die spätestens seit den 1970er Jahren auch Aktionsorte der Kunst sind, derweil parareligiöse Gruppen popkulturell agierende, ästhetisierende wie ökonomistische Repräsentationsformen hervorbringen. Umgekehrt

---

1 Hier sei medienübergreifend stellvertretend verwiesen auf: Silvia Henke/Nika Spalinger/Isabel Zürcher (Hg.), Kunst und Religion im Zeitalter des Postsäkularen. Ein kritischer Reader, Bielefeld 2012; Thomas Erne/Peter Schüz (Hg.), Der religiöse Charme der Kunst, Paderborn 2012; Dorothee Messmer/Markus Landert (Hg.), Gott sehen, Sulgen/Zürich 2005; Ausstellung «Gott sehen. Das Überirdische als Thema der zeitgenössischen Kunst», Kunstmuseum des Kantons Thurgau Kartause Ittingen/Warth, 2005/06; Ausstellung: Medium Religion, ZKM Karlsruhe, 2009; Julia Benkert (Regie): Amen. Die Kunst und ihr Heimweh nach Gott, HR/arte 2010.

wächst das künstlerische Interesse an Kirchen als säkularisierte Räume für Ausstellungen und Events bis hin zur Umnutzung als Museum oder Galerie, derweil geweihte Kirchen zuletzt als Schauplätze künstlerischer Aktionen in die Schlagzeilen gerieten.[2]

Hier zeigt sich ein dialektisches Verhältnis von Bestimmung und Nutzung, das im tradierten Verhältnis von Kunst und Kirche nicht angelegt ist. Denn Kunst in christlichen Kirchen, gemeinhin mit «christlicher Sakralkunst» bezeichnet, hat ja eine historisch klare Aufgabe, sei es als mittelalterliche «biblia pauperum», als Armenbibel, sei es als «Verkündigung des Evangeliums», wie es zuletzt noch 2005 in Benedikts XVI. Motu Proprio zur Approbation und Veröffentlichung des Kompendiums des Katechismus der Katholischen Kirche[3] hiess. Hier ist freilich zuvorderst von der katholischen Kirche die Rede, deren Bildtradition sich von jener der reformierten Kirche eklatant unterscheidet, die aber gleichwohl den allgemeinen kirchlichen Bildbegriff, resp. unsere Vorstellung davon, bis heute auch in hiesigen Breiten definieren dürfte. Der katholischen Kirche gelingt dabei der Einbezug der Kunst in den liturgischen Gebrauch ebenso wie deren Vereinnahmung bis heute offenbar problemlos,[4] während die reformierte Kirche sich, trotz einiger bemerkenswerter Ausnahmen der jüngeren Zeit,[5] hier eher schwer tut, zumal der Platz, den sie zur Verfügung stellen kann oder mag, sich neben Fenstern häufig auf lediglich Gemeindehäuser, Andachts-, Gebets- sowie Vor- und Aussenräume beschränkt.

---

2   Hier sei natürlich an das Punkgebet des russischen Künstlerinnenkollektivs Pussy Riot in der Moskauer Christ-Erlöser-Kathedrale im Februar 2012 erinnert, aber auch die entsprechende Solidaritätsaktion Zürcher Künstler auf dem Zürcher Grossmünster vom August desselben Jahres erwähnt.
    Am anderen Ende einer möglichen «Bespielungsskala» ist in diesem Zusammenhang etwa das Projekt des Berliner Galeristen Johann König anzusiedeln, der 2012 die katholische Kirche St. Agnes in Berlin-Kreuzberg erwarb, um dort seine Galerie zu führen.
3   Vgl.: www.vatican.va/archive/compendium_ccc/documents/archive_2005_compendium-ccc_ge.html.
4   Vgl. hierzu etwa: Schweizerische St. Lukasgesellschaft für Kunst und Kirche (Hg.), Kunst und Kirche, Schriftenreihe, Jahreshefte seit 2010/11.
5   Johannes Stückelberger, Wie nehmen Kunstschaffende Kirche wahr? Aktuelle künstlerische Neugestaltungen von reformierten Kirchen in der Schweiz, in: Christoph Sigrist (Hg.): Kirche Macht Raum, Zürich 2010, 141–166.

Im Rahmen dieses Beitrags geht es aber nicht um eine Analyse bestehender künstlerischer Kirchenraumarbeiten oder -interventionen. Vielmehr steht der künstlerische Zugang zum Kirchenraum im Mittelpunkt – denn ganz pauschal erscheint es durchaus legitim zu konstatieren, dass sich aktuell rezipiertes Kunstschaffen, wie es in Museen, Kunsträumen, Artist-Run-Spaces, Galerien, aber auch im öffentlichen Raum zu sehen ist, in sakraler Kunst kaum spiegelt. Welches der beiden autonomen Systeme da das andere scheut, lässt sich kaum mit Gewissheit sagen – dass die Kunst auf der einen Seite sich einer Vereinnahmung tendenziell aber verweigert und die Kirche auf der anderen Seite heute kaum mehr über ihre frühere Bildkompetenz verfügt, erleichtert das Zusammenkommen aber sicher nicht. Entsprechend erscheint «sakrale Kunst» als Sonderform innerhalb der aktuellen Kunstwelt – eine Sonderform, an der mitzutun vor allem einer jungen Generation von Künstlerinnen und Künstlern nur schwer vorstellbar scheint. Dass diese jüngere Generation Kirchenräume ganz unabhängig von ihrer Konfession als vornehmlich diskursiv empfindet, mag womöglich einer unpräzisen Wahrnehmung geschuldet sein, verweist aber gleichwohl auf ein grundsätzliches Problem, weil Kunst im Regelfall dialogisch angelegt ist und entsprechend ein Problem mit diskursiven Räumen hat.

Meine Befragung Kunststudierender, was denn ein Kirchenraum für sie darstelle, führte zunächst zu einer relativ klaren (und historisch auch naheliegenden) Benennung dessen, was Kirche sei:
1. ein liturgischer Ort,
2. ein Ort der Kunst.

Klar zeigte sich die Ansicht, dass Kirchen dabei immer weniger im Rahmen von Gottesdiensten oder ähnlichem in ihrem ursprünglichen Sinne besucht werden, dafür jedoch ungebrochen häufig – zumindest was ausgewählte Kirchen angeht – als Kunstorte. Seien das die Chagall-Fenster im Zürcher Frauenmünster, die Polke-Fenster im Zürcher Grossmünster, oder aber die mintgrünen barocken Gewalten in der St. Galler Stiftskirche: Gotteshäuser – in der Summe dann doch meist katholische – stehen zuoberst auf den Destinationshitlisten von Städtereisenden und haben sich in den Augen ihrer meisten Besucher offenbar von ihrer liturgischen Bedeutung längst entkoppelt. Sorgte ein ordentlicher Kirchturm früher noch für Sichtbarkeit, ist er heute in erster Linie begehrter Aussichtpunkt, führt also paradoxerweise vom eigentlichen Gebäudezentrum weg, und nicht zu ihm hin. Das passt durchaus ins Bild der Statistik, die für unseren Kulturraum längst einen Rückgang von Gottesdienstbesuchen konstatiert, wonach keine 10% der Angehörigen einer der beiden christlichen Landeskirchen regelmässig einen Gottesdienst besuchen. Das gilt natürlich auch für Kunststudierende, ergo für Kunstschaffende, die Kirchen entsprechend zuvorderst aus einem kunsthistorischen oder touristischen Interesse heraus besuchen, durchaus als Orte einer künstlerischen, weniger aber als Orte einer geistigen Auseinandersetzung.[6]

Bereits die Frage, als was für eine Art Raum Kirche wahrgenommen werde, war diffiziler. Dabei ist vorderhand einmal festzuhalten, dass Raum eines der ganz grossen Themen in der zeitgenössischen Kunst darstellt. Im Alltag verwenden wir den Begriff «Raum» ganz allgemein ja in verschiedensten Hinsichten: In der Architektur, die per Definition für die Gestaltung des Raumes steht, beschreibt Raum das Innere eines Gebäudes. Selbst das alte China ist ein schon regelrecht prototypischer Raum, weil es von einer gebauten Mauer umgeben ist. Metaphorisch können sowohl geografische Räume (bspw. «Stadtraum») oder funktionale Räume (bspw. «Handelsraum») benannt werden. Denkräume wünschen wir uns alle, Freiräume ebenso.

Was aber sind die Räume der Kunst?

Historisch durchaus auch Kirchenräume. Aus heutiger Sicht naheliegenderweise Museen, Kunsthallen und Galerien, die einen der Kunst vorbehaltenen Raum ausbilden, der historisch aber nicht selbstverständlich ist, denn erst mit dem 1779 fertiggestellten Fridericianum in Kassel erhielt die Kunst ein rein für ihre Zurschaustellung errichtetes und entsprechend optimiertes Gebäude. Der Idealraum der Kunst der vergangenen 50–60 Jahre wird jedoch über ein 1976 formuliertes Konzept definiert, den sogenannten White Cube. Den Durchbruch dieses weissen Würfels darf man – obwohl bereits seit der Avantgarde als Gegenmodell zu den überladenen Bildpräsentationen in den traditionellen Salons an-

---

6   Hierzu passt, dass im «Stilradar» des Stil-Magazins der NZZ am Sonntag vom 16.06.2013 das touristisch sehr frequentierte Zürcher Frauenmünster als «eine Art Museum» bezeichnet wird (s. S. 5).

gewendet – mit einigem Recht in den 1960er Jahren suchen, als die Kunst sich die Frage nach ihrem Ort stellte und angesichts politischer und gesellschaftlicher Umwälzungen die selbstverständliche Fokussierung auf Galerie und Museum hinterfragte. Es folgte zunächst einmal der Auszug der zeitgenössischen Kunst aus den Museen und in der Folge die Eroberung des öffentlichen Raums: Happenings, Performances, Aktionskunst – hier schienen, gemessen an einer klassischen Lesart, die Künstler der Zeit für einige Jahre wirklich weniger raumbezogen zu arbeiten. Ort war vielmehr eine Situation, denn eine geografische Definition. 1976 aber publizierte der Künstler und Kritiker Brian O'Doherty in der amerikanischen Zeitschrift «Artforum»[7] eine Artikelserie zur «Ideology of the Galleryspace» und formulierte dort den fortan typischen Raum der Kunst: «Das Bild eines weissen, idealen Raumes entsteht, der mehr als jedes einzelne Gemälde als *das* archetypische Bild der Kunst des 20. Jahrhunderts gelten darf.» Der White Cube war geboren, den O'Doherty definierte als «möglichst neutrale, gleichmässig erleuchtete Zelle, die alles vermeidet, was die Wahrnehmung von Kunst mit der Wahrnehmung der Realität in Verbindung bringen könnte.» Ein leerer Raum, rein und unbefleckt und von der Umwelt abgeschottet – «die äussere Welt darf nicht hereingelassen werden». Eine ideale Projektionsfläche.

O'Dohertys White Cube als dieser scheinbare Idealraum aber gibt sich neutraler, als er in Wahrheit ist: In seiner Referenzlosigkeit ist er eben auch elitär, in seiner Abgeschlossenheit grenzt er den Besucher aus, in seiner betonten Ästhetik vereinnahmt er die Kunst. Nicht zufällig landete der Versuch einer gültigen Übersetzung von White Cube nicht beim «weissen Würfel» sondern treffenderweise bei der «weissen Zelle» – und wenn O'Doherty von dieser weissen Zelle berichtet, sie habe «etwas von der Heiligkeit einer Kirche», so mag das metaphorisch gemeint sein, verweist aber nicht einfach nur auf den Kirchenraum als solchen, sondern erinnert daran, dass in der reformierten Kirche der vom englischen Theaterregisseur Peter Brook übernommene Terminus vom «leeren Raum»[8] als Definition des Kirchenraums durchaus eine verwandte Verwendung findet.

---

7   Deutsche Ausgabe: Brian O'Doherty, In der weissen Zelle. Inside the White Cube, hg. von Wolfgang Kemp, Berlin 1996.
8   Peter Brook, Der leere Raum, Hamburg 1969.

Die Kunst, das wundert nicht, begann unter den genannten quasi idealen Bedingungen ihre bereits seit den 1920er Jahren festzustellende Tendenz zum Räumlichen zu intensivieren und in der Folge nicht nur räumlich zu sein, sondern den Raum selbst zu thematisieren. Fast selbstverständlich kann Kunst seit den späten 1960er Jahren für einen bestimmten Ort geschaffen werden, mit dem sie teilweise nicht nur inhaltlich, sondern auch formal derart verbunden ist, dass sie ihn nur verlassen kann, indem sie zerstört wird. Was hier zunehmend an Bedeutung gewann, hält bis heute an und gilt längst nicht mehr nur für den Schau- oder Ausstellungsort White Cube, sondern ausgehend von der Landart der 1970er Jahre auch für einen anderen, auf neue Art vereinnahmten Raum: den öffentlichen. Die sogenannte «Kunst im öffentlichen Raum» ist in den letzten Jahren zunehmend zum Topos geworden. Wo früher in der Stadt wie auf dem Land schlicht Denkmäler gesetzt wurden, hat die Kunst mittlerweile einen weiteren Raum erobert und ist dabei nicht einfach Kunst im freien, sondern eben im öffentlichen Raum, den sie gestaltet, einbezieht und für den sie – auch hier ganz ortsspezifisch – gemacht ist. Vorbei sind die Zeiten, als fertige Kunstwerke gekauft und aufgestellt wurden. Sogenannte «Drop Sculptures» sind heute nicht mehr ohne Protest platzierbar. Das Schlagwort lautet «site specific», ortsgebunden, und fordert auch hier den Ortsbezug des Werkes.

Ob dieser Bezug eine eher kontextsensible oder aber kontextreflexive Ausprägung erhält, ist ein grundsätzliches Problem jeder Setzung am Ort, auch wenn diese Unterscheidung in Kirchenräumen eine besondere Bedeutung zu haben scheint, da dort Störungen in besonderem Masse nicht erwünscht sind.[9]

Egal also, ob für den Aussen- oder den Innenraum: Zeitgenössische Kunstschaffende arbeiten häufig für und mit dem Ort. Dies umso mehr in jungen Ausstellungskontexten, meist kleinen und unkommerziellen Präsentationsräumen, sogenannten Off-Spaces oder Artist-Run-Spaces. Diese stehen paradoxerweise zwar ganz klar in der Tradition des White Cubes, sind aber häufig an Orten, die gar nicht sehr geeignet sind, um

---

9   Vgl. hierzu etwa: Frank Hiddeman, Site-specific Art im Kirchenraum. Eine Praxis-
    theorie, Berlin 2007, insb. 99ff.

Kunst zu präsentieren, so dass der Reflex, «mit dem Raum» zu arbeiten, ein aktuell sehr ausgeprägter ist – auch, weil es oft gar nicht anders geht. In jedem Fall aber ist so der Ausstellungsraum bis heute der Empfangsraum einer Kunst, die denselben bespielt, vereinnahmt, gelegentlich auflöst, gelegentlich adelt und behandelt – immer aber mitdenkt und oft auch einbezieht.[10] Und es sei an dieser Stelle darauf hingewiesen: Eine Begleiterscheinung ortsbezogener Kunst ist aktuell ihre Vergänglichkeit. In Ausstellungskontexten müssen Arbeiten nach Ablauf einer Schau demontiert werden und sind oftmals nicht identisch reproduzierbar. Und selbst Kunst im öffentlichen Raum wird heute nicht mehr für eine (relative) Ewigkeit, sondern zeitlich begrenzt oder womöglich nur als Gastspiel platziert. Das Ephemere ist das neue Dauerhafte. Kontinuität erfolgt durch Wandel.

So wichtig also Raum in der heutigen Kunst ist, Kirchenraum spielt hier zunächst noch keine Rolle – vielleicht nicht zuletzt deshalb, weil die beschriebene Form der Vergänglichkeit mit dem geläufigen Ewigkeitsanspruch, mit dem Kunst in Kirchen behaftet zu sein scheint, nicht zusammen passt. Jedenfalls wundert es zunächst nicht, dass die von mir befragten Studierenden sich eigentlich nicht vorstellen können, einen Kirchenraum dauerhaft zu bespielen. Definitiv fehlt ihnen die Praxis, mutmasslich fehlen ihnen frühere Hinführungen – und häufig fehlt ihnen schlicht der Bezug. Es steht hier zu vermuten: Der Kirchenraum ist per se ein Raum der anderen. Das Museum, die Galerie, der White Cube, ja selbst der öffentliche Raum, all das sind Räume der Kunst. Räume, die die Kunst bespielt und damit versucht zu übernehmen. In der Kirche kann sie das nicht. Hier muss sie sich, unbesehen ihrer Qualität zu intervenieren oder zu stören, einfügen, hier muss sie, so der studentische Tenor, «dienen». Das aber ist heute verpönt, denn wir leben seit rund 250 Jahren in der Zeit des Ausstellungskünstlers, der im späteren

---

10 Daneben gilt es nicht zu vergessen: Wo die Kunst das nicht unmittelbar tut, weil sie gar nicht für den Raum geschaffen wurde, in dem sie präsentiert wird, etwa in einem Museum, wirkt sie gleichwohl räumlich, wird ebenfalls im Raum inszeniert, besitzt sie eine Aura, die raumgreifend ist. Es ist kein Zufall, dass die aufziehende Moderne in der Malerei bereits im späteren 19. Jahrhundert zunehmend auf den abgrenzenden Bilderrahmen verzichtet hat, der das Bild zuvor vom Raum abschottete und ihm eine Hermetik gab, die heute gar zu oft nicht mehr gewünscht wird.

18. Jahrhundert auf den traditionellen Auftrags- oder Hofkünstler folgt und dessen heutige Autonomie einer Dienstbarkeit nicht selten ganz grundsätzlich im Wege steht.[11]

Und was der künstlerische Nachwuchs ebenfalls zu bedenken gibt: Die grosse Medienvielfalt, mit der heute der einzelne Künstler arbeitet, ist für Kirchenräume nicht unbedingt geeignet. Eine Soundinstallation im Chor, eine Videoprojektion an der Decke – das beschreibt durchaus möglich Arbeiten, jedoch kaum solche, die nach heutiger Praxis im liturgischen Alltag tauglich scheinen. Viele neue Medien taugen ebenso wenig für Kirchen wie viele heute gängige Materialien. Umgekehrt aber eine allein schon technisch saubere Wandmalerei hinzubekommen, das lernt man heute nicht mehr im Studium – es würde sich nicht lohnen. Denn einen angehenden Künstler hierauf vorzubereiten ginge an der Aufgabe, ihn marktbefähigt auszubilden, schlicht vorbei.

Dabei ist, wie eingangs bereits allgemein angesprochen, selbst in ganz junger Kunst in den letzten zehn Jahren durchaus eine Tendenz auszumachen, sich mit christlichen Themen auseinanderzusetzen und im weitesten Sinne religiöse Arbeiten zu schaffen. Gott ist wieder en vogue. Doch müsste man mit Blick auf entsprechende Werke der letzten Zeit aber auch festhalten: Die Bereitschaft, sich mit Fragen des christlichen Glaubens, des Nicht-Realen oder Übersinnlichen, des Transzendentalen sowie der Vorstellung einer höheren Instanz auseinanderzusetzen, führte und führt zu guter Kunst – brauchbar in einem Kirchenraum ist sie deshalb aber noch nicht. Wohl sind Kirchen denkbare Ausstellungsorte für viele solcher Werke, doch im liturgischen Alltag eines Kirchenraums wären sie unerwünscht. Denn zeitgenössische Kunst will und kann – das beweist jede empörte Reaktion auf entsprechende Arbeiten – auch in diesem Themenbereich hinterfragen, blossstellen oder provozieren. Oder aber, nicht zu verschweigen, schlicht nur kokettieren, wie es ja auch abseits der bildenden Kunst Mode geworden ist, wo der gedankenlose Umgang mit christlichen oder kirchlichen Symbolen in einer Bandbreite

---

11 Vgl. hierzu allg.: Martin Warnke, Hofkünstler. Zur Vorgeschichte des modernen Künstlers, 2. Aufl., Köln 1996; Oskar Bätschmann, Ausstellungskünstler. Kult und Karriere in modernen Kunstsystemen, Köln 1997; Sabine Fastert/Alexis Joachimides/Verena Krieger (Hg.), Die Wiederkehr des Künstlers, Köln/Weimar/Wien 2011.

von pathetisch über peinlich bis hin zu anstössig alle denkbaren Positionen einnimmt.

Auf Letzteres muss Kunstausbildung durchaus reagieren, denn vieles, was mit religiöser Ikonografie und Bildtradition zu tun hat, ist bei der jüngeren Generation als Wissen verloren gegangen, was dem universellen Anspruch einer künstlerischen Bildkompetenz klar widerspricht. Hierauf hat Ausbildung durchaus Lösungsansätze zu bieten, was zuletzt auch zu konstatieren ist.[12]

Selbst dann führt eine neue religiöse oder christliche Kunst aber nicht zwingend zurück in ihre angestammten Räume. Für die reformierten Landesteile der Schweiz gilt offenbar, dass Zwingli und der Bildersturm doch ganze Arbeit geleistet haben. Die Purifizierung und Entrümpelung der Kirchenräume im frühen 16. Jahrhundert, die zu bis heute noch nüchternen reformierten Kirchenräumen führte, hat die christliche Kunst in unseren Breiten bestenfalls ins Persönlich-Private verbannt – und zurück von dort ist sie noch nicht wieder in der Kirche angekommen. Darüber dürfen auch die durchaus als herausragendes Beispiel geltenden Fenster Sigmar Polkes im Zürcher Grossmünster nicht hinwegtäuschen – es sind doch auch «nur» Fenster.[13] Der reformierte Alltag wird – geben wir's zu – doch nach wie vor bestimmt von ebenso rührenden wie kläglichen Versuchen, mit Basteleien und Dekorationsmaterial den Kirchenraum zu schmücken. Das Bedürfnis danach scheint jedenfalls gross, und es liegt nahe, vielen Reformierten ein neidisches Schielen in Richtung prachtvoller katholischer Gotteshäuser zu unterstellen.

Natürlich war früher alles einfacher. Wo die Kirche der Kunst den ursprünglichen Auftrag gab, Geschichte nachzuerzählen, profitiert sie – so könnte man etwas euphemistisch sagen – bis heute vom sog. «sichtbaren

---

12 Ein Forschungsprojekt an der Hochschule Luzern Design und Kunst hat hier unter dem Titel «Holyspace-Holyways» vor einigen Jahren Brachland betreten. Siehe: Henke/Spalinger/Zürcher, Kunst und Religion. Und an der von mir geleiteten F+F Schule für Kunst und Mediendesign Zürich wurde unter Leitung von Daniel Hauser und mir 2012/13 ein Projekt mit Vortragsreihen, Unterrichtsmodulen und Ausstellungen unter dem Arbeitstitel «Kunst & Kirche» lanciert.

13 Die Häufung bei den prominenten Fenstergestaltungen nebst den erwähnten ist überzufällig: Gerhard Richter im Kölner Dom, Neo Rauch im Naumburger Dom, Judith Albert in der Église Sacré Cœur in Montreux, Markus Lüpertz in St. Andreas in Köln.

Wort». Es gilt sich zu vergegenwärtigen, dass die praktische Bedeutung der Bilder in der Erfahrung der Gläubigen lange die Bedeutung der Schrift übertraf. Dies obwohl das Bild das Bibelwort verstärken, nicht aber ersetzen sollte. Sind wir ehrlich, haben wir wohl alle recht fixe Bilder «Kunst und Kirche» resp. «Kunst in Kirche» betreffend vor Augen. Das diesbezügliche abgesicherte kollektive Bildgedächtnis und -repertoire ist nicht sonderlich breit, hat es doch über Jahrhunderte wunderbar funktioniert und diese trotz Reformation und Bilderstürmen in grosser Zahl bis in unsere Gegenwart überlebt. Zudem müssen wir uns vor Augen halten, dass überhaupt die Kunst über viele Jahrhunderte hinweg vorrangig damit beschäftigt war, das Göttliche möglichst wirklich, oder aber das Wirkliche möglichst göttlich erscheinen zu lassen.

Hier bewegen wir uns in einer jahrhundertealten Beziehung zwischen der Kirche als Auftraggeber und der Kunst als Auftragsempfängerin. Diese Beziehung ist im grossen Stil längst auseinandergegangen. Entsprechend gibt es seit über 200 Jahren nicht wenige Stimmen, die forderten, man solle Kunst und Kirche voneinander trennen, die Kunst sei längst autonom geworden und historisch der Bruch zwischen Kunst und Kirche zu diagnostizieren. Und heute? «DuMonts Begriffslexikon zur zeitgenössischen Kunst»[14] als aktuelles Referenzwerk etwa listet bezeichnenderweise den Begriff «Kirche» gar nicht mehr auf. Als hätten sich da zwei Partner völlig aus den Augen verloren.

Dass es durchaus auch heute noch gute zeitgenössische Kunst in Kirchen gibt, steht ausser Frage. Die hier zitierte Literatur listet und bespricht aktuelle Beispiele. Dabei lassen sich im Kern zwei Tendenzen ausmachen, wenn es um künstlerische Ausgestaltungen von Kirchenräumen geht:

Zunächst einmal, dass *die* zeitgenössische Kunst, die auf Biennalen, Kunstmessen oder aber Stipendienausstellungen zu sehen ist, hier kaum stattfindet. War der kirchliche Auftrag über historische Jahrhunderte hinweg die Krönung einer Künstlerlaufbahn und entsprechend anzustreben – heute ist das nicht mehr so. Allem neuaufkommenden Interesse an Religion zum Trotz arbeiten auf diesem Feld (meist nicht mehr ganz junge) Künstlerinnen und Künstler, die auch abseits eines kirchlichen

---

14 Hubertus Butin (Hg.), DuMonts Begriffslexikon zur zeitgenössischen Kunst, Köln 2002.

Ausgestaltungsauftrags in ihrer Arbeit eine Auseinandersetzung suchen oder ermöglichen, die nicht so ganz im Zentrum aktueller Diskurse der Kunst steht.

Die Zeit des «sichtbaren Wortes» ist vorbei. Aktuell durchaus gelungene künstlerische Raumgestaltungen in Kirchen arbeiten mit symbolhafter Abstraktion, die der Unvorstellbarkeit des Göttlichen oder Transzendentalen eine zeitgemässe Form gibt, ohne darstellend zu sein, laufen aber Gefahr in ihrer ungegenständlichen Offenheit zum liturgischen Dekor zu verkommen und gerade deshalb akzeptiert zu werden, weil sie nicht zu verstehen sind.[15]

Hat die Kirche womöglich einfach Angst vor der Kunst? Angst vor einer selbstbewussten, intervenierenden, kontextreflektierenden Kunst? Ein gewisses Unbehagen ist ihr sicher zu unterstellen. Dies führt dann entweder zur Verdrängung der Kunst an Nebenschauplätze wie Kirchengemeindezentren, oder zu meistenteils gefälligen Lösungen im Kirchenraum, die sich von der Gestaltungskraft reformierter Batik- und Makrameegruppen zwar abhebt, womöglich aber einem ähnlichen Geist entspringt. Den Polke will nicht jede Gemeinde, denn natürlich tun Gemeinden jeweils gut daran, sich zu überlegen, ob sie über einen Wallfahrtsort der Kunst, oder einen liturgischen Raum verfügen wollen. Oder eben, wie sie beides miteinander verbinden können. Denn nicht alles, was eine touristische Stippvisite einfordert, bewährt sich auch möglichst unerschöpft über Jahre hinweg im Gebrauch. Doch mit ein paar Fenstern ist es nicht getan. «Sapere aude!» war bereits eine Losung der Aufklärung. «Habe Mut!» möchte man der Kirche auch heute zurufen. Mut zu unbequemer Auseinandersetzung, Mut zu Frage- und Infragestellung, Mut zur Übernahme. Denn guter Kunst in Kirchenräumen, künstlerisch gut gestalteten Kirchenräumen, muss zunächst eine Bereitschaft, und dann ein Angebot der Institution vorausgehen. Im Radar der Kunst taucht die Kirche vielfach nicht mehr auf. Hier muss sich die Kirche mutig ins Spiel bringen im Wissen durchaus um die eigenen Möglichkeiten, aber unbedingt auch im Wissen um die Parameter und Bedingungen

---

15 Aus heutiger Sicht regelrecht paradox, geriet in der höfischen Gesellschaft vor allem des 17. Jahrhunderts die Formel «je ne sais quoi», das Nicht-Verstehen also, zum hohen Lob des Laien gegenüber der Kunst. Vgl. Wolfgang Ullrich, Was war Kunst? Biographien eines Begriffs, Frankfurt a. M. 2005.

heutiger Kunst. Die Gewinnchancen eines solchen Dialogs sind für die Kirche immens. Die florierende Kunst braucht diesen Dialog aktuell mutmasslich kaum, eine vom gesellschaftlichen Wandel durchgeschüttelte Kirche wohl schon. Sie hat das Wort.

Berner Pilotkurs für Kirchenführungen:
Rundgang in Geschichten

Anja Kruysse

Zwei Fachbereiche kreieren zusammen einen Kurs

Kompetenzen, Anliegen und Ideen zweier Fachbereiche fliessen im Grundkurs «Rundgang in Geschichten» zusammen und befruchten sich gegenseitig. Entstanden ist ein kreativer Mix aus dem Projekt «Gastfreundliche Kirchenräume» und dem Fachbereich «Neue Freiwillige».

Diese Grundstränge des Kurses werden unten kurz beschrieben, um einen Einblick in das Entstehungsgeflecht des Kurses zu geben.

Projekt «Gastfreundliche Kirchenräume»

2009 beauftragte der Synodalrat der Reformierten Kirchen Bern-Jura-Solothurn – angeregt durch eine SEK-Kampagne[1] – den Bereich Gemeindedienste und Bildung der gesamtkirchlichen Dienste ein Projekt mit Bildungseinheiten, Arbeitsinstrumenten sowie Tagungen zum Thema gastfreundliche Kirchenräume und verlässlich geöffnete Kirchentüren zu initiieren.[2]

Ein atmosphärischer Höhepunkt dieses Projektes stellte der Kirchensonntag 2012 zum Thema «WILLKOMMEN. Gastfreundschaft in unseren Kirchen» dar. Der Kirchensonntag wird von Laien gestaltet, oft von einem ad-hoc-Team aus Kirchgemeinderäten, Freiwilligen und Sozialdiakoninnen. Viele dieser Teams waren begeistert von diesem Thema: Sie verwandelten ihre Kirche mit viel Kreativität in einen gastfreundlichen

---

1 Schweizerischer Evangelischer Kirchenbund SEK, «Verlässlich geöffnet. Eine Handreichung für offene Kirchentüren», Bern 2008.

2 Die verantwortlichen Fachpersonen: Thomas Schweizer, Theologe und Beauftragter für Tourismus, Regula Zähner, soziokulturelle Animatorin sowie Projektleiterin gastfreundliche Kirchenräume und Mitinitiantin des Grundkurses «Rundgang in Geschichten».

Raum und trugen selber mit Gesten und Worten dazu bei, Gäste willkommen zu heissen. Sie öffneten die Kirche für vielerlei Gäste zu einem
gemeinsamen Sonntagsfest. Die Farbigkeit und Originalität in der Umsetzung des Themas zeigen, wie zentral der Kirchenraum für die Gemeinden ist und wie verbunden sich die meisten Kirchgemeinden mit
diesem Gebäude fühlen, und sie zeugen auch von einer grossen Sehnsucht nach Gemeinsamkeit, nach Wärme und Geborgenheit in diesem
wichtigen Raum. Auch nichtkirchliche Menschen sehen das Kirchengebäude oft als wichtiges Kulturgut ihres Wohnorts, das das Ortsbild prägt
und wertvoll macht. Kirchen werden von Menschen jeglicher religiöser
Ausrichtung auf Reisen und Wanderungen besucht wegen der Schönheit
der Räume, aber wohl auch wegen eines diffusen Bedürfnisses nach spi-
rituellem Erleben.

Das Projekt «Gastfreundliche Kirchenräume» ist in den Kirchgemeinden beliebt, weil es positive Energien weckt und zu kreativem Handeln anregt. Die meisten Menschen haben gerne Gäste zu Besuch. Beim
Thema «Gastfreundschaft» fühlen sich viele kompetent, mitzureden und
mitzugestalten. Ausserdem wird ihr Tun von einer breiten Öffentlichkeit
wohlwollend aufgenommen. Viele Kirchgemeinden sind sich dessen
bewusst und freuen sich darüber, dass Menschen ihre Kirche als Ruhe-
raum, als Nachdenkort, als Gebetsort, als spirituellen Erfahrungsraum
entdecken und nutzen.

Die Kirche als für alle offenes Gebäude rückte in den letzten Jahren
vermehrt ins Zentrum des Nachdenkens. Es führte an vielen Orten neu
zum Bedürfnis, über deren Geschichte und Architektur zu berichten,
zum Beispiel in Form von schriftlichen Kirchenführern (wie derjenige,
der in Zusammenarbeit mit dem Naturpark Gantrisch 2012 entstand)
oder in Form von Kirchenrundgängen und Geschichtsgruppen.

Der neue Blick auf die Kirchen als attraktiver Raum weckt das Bedürfnis nach dem Weitervermitteln des Entdeckten. Gleichzeitig besteht
in den Kirchgemeinden eine gewisse Unsicherheit darüber, wie eine solche Vermittlung auszusehen hat: Mit welchem Inhalt und mit welchen
Methoden soll durch eine Kirche geführt werden? Mehrere Kirchgemeinden drückten ihre Unsicherheit zusammen mit dem Wunsch nach
einem Kirchenführungskurs aus. Der Grundkurs «Rundgang in Geschichten» kommt diesem Wunsch nach und vermittelt die nötigen
Kompetenzen.

Projekt für «neue» und innovative Freiwillige

Im gleichen Zeitraum, in dem die Kampagne der Gastfreundschaft statt-fand, waren viele Kirchgemeinden auf der Suche nach neuen, attraktiven Angeboten für die sogenannt «neuen Freiwilligen». Der Markt der Frei-willigenarbeit ist heute stark umkämpft. Viele Organisationen bieten ausserordentlich attraktive und selbstwirksame Möglichkeiten, sich frei-willig zu engagieren und arbeiten hochprofessionell beim Gewinnen und Begleiten der sogenannt «neuen Freiwilligen». Diese Freiwilligengruppe engagiert sich in Projekten mit hohem Mitwirkungsgrad, punktuell und interessensorientiert. Sie verlangt nach guten, überblickbaren Strukturen, möchte in ihrer Freizeit teilweise auch ihre Kompetenzen erweitern und jederzeit darüber bestimmen können, wie weit ihr Einsatz geht. Die Re-formierten Kirchen Bern-Jura-Solothurn reagierten auf diese neue Ent-wicklung im Bereich Freiwilligenarbeit mit arbeitserleichternden Doku-menten, mit Kursen, Tagungen und ebenfalls mit einem Kirchensonntag. Ein verändertes Bewusstsein im Umgang mit Freiwilligen braucht aber seine Zeit. Es braucht Leuchtturmprojekte, die Mut und Ideen geben für weitere spannende Angebote.

Eine weithin sichtbare und Mut machende Wirkung könnten Freiwil-lige haben, die ihre Kirche in- und auswendig kennen und die angefragt werden können, Interessierte bei Kirchgemeindefesten, Quartierfesten und Hochzeiten kompetent auf Rundgängen durch die Kirche und ihre Umgebung zu begleiten. Diese Freiwilligen erhalten viel Eigenverantwor-tung und vertreten ihre Kirche und Kirchgemeinde selbstständig. Sie haben kreativen Spielraum im Planen und Durchführen von immer wie-der neuen thematischen Kirchenführungen und können genau so viel leisten, wie sie zu leisten bereit sind. Wenn eine Kirchgemeinde den Mut aufbringt, Freiwilligen diesen eigenständigen und anspruchsvollen Raum zu bieten und sie dabei zu unterstützen, und wenn sie dabei gute Erfah-rungen macht, dann kann sich das Bild der Freiwilligenarbeit grundsätz-lich ändern. Freiwillige werden zukünftig vermehrt auf gleicher Augen-höhe mit Angestellten und Räten Projekte entwickeln und durchführen können.

Der Grundkurs «Rundgang in Geschichten» will zum Gelingen dieses Freiwilligen-Pilot-Projekts beitragen mit einer fundierten Qualifikation der interessierten Freiwilligen.

Der Grundkurs «Rundgang in Geschichten» spricht tendenziell überdurchschnittlich interessierte und engagierte Menschen an. Er ist konzipiert als ein Qualifizierungsangebot für Freiwillige, die sich in stark
eigengeprägten Projekten verwirklichen wollen und dafür auch einen
grossen zeitlichen Aufwand zu leisten bereit sind. Angesprochen werden
Personen, die eine Vorliebe für die Ortsgeschichte und ihre Kirche haben, die Gefallen haben an Geschichten rund um die grosse Geschichte,
dazu ein Flair für Kunsthistorisches mitbringen und mit dem Kirchge-
meindeleben vertraut sind. Sie müssen fähig sein, ihre Religiosität zu
reflektieren und sich darauf freuen, ihre Leidenschaft mit anderen so zu
teilen, dass alle Beteiligten in einen Dialog kommen.

Mit breiter Unterstützung zur Erfolgsgeschichte

Der Wunsch der Kirchgemeinden nach attraktiven Weiterbildungs- und
Einsatzmöglichkeiten für neue Freiwillige liess sich sehr gut mit dem
Wunsch der Gemeinden nach mehr Know-how im Bereich Kirchenfüh-
rungen verbinden.

So entwickelten die Fachverantwortlichen für «Gastfreundliche Kirchenräume» und für «Neue Freiwillige» gemeinsam das Konzept für den
Grundkurs «Rundgang in Geschichten».

Sie erhielten dabei eine grosse interne Unterstützung. Eine Begleitgruppe las die Projektentwürfe und schlug Änderungen und Ergänzun-
gen vor. Wichtige Anregungen und weiterführende Literaturhinweise
erhielten die beiden auf der Homepage des deutschen Bundesverbands
für Kirchenpädagogik und auch in der Person von Antje Rösener, die zu
den kirchenpädagogischen Pionierinnen in Deutschland gehört. Sie
arbeitet für das Evangelische Erwachsenenbildungswerk der Kirche
Nordrhein-Westfalen.[3]

Die Kursentwicklerinnen sahen sich in den deutschen Grundlagen-
papieren im eigenen Werteansatz unterstützt. Im Dresdner Positionspapier des Bundesverbandes für Kirchenpädagogik von 2010 wird ausge-
führt, dass der Begriff Kirchenführung «ein sehr einseitiges Handlungs-
schema suggeriert: Hier die Führenden und Leitenden, da die Hörenden

---

3 Vgl. dazu den Beitrag von Antje Rösener im vorliegenden Band.

und Rezipierenden. Das Wort Pädagogik bringt dagegen ein Miteinander der im Kirchenraum auf Augenhöhe Agierenden – Führende wie Teilnehmende – zum Ausdruck. Die Teilnehmenden können ihre je eigenen – nicht zuletzt biografisch geprägten – Kompetenzen einbringen.»[4]

Das Prinzip der «Augenhöhe», des «Gegenseitig-Voneinander-Lernens» liegt dem Kurskonzept denn auch als Wertehaltung zu Grunde. Es ist keinesfalls ein Kursziel, kunsthistorisch perfekt ausgebildete Freiwillige auszubilden, die während einer Führung mit Vorträgen brillieren und einseitig referieren. Es sollen im Gegensatz dazu die Kompetenzen für eine interaktive, dialogische Führung auf Augenhöhe mit den Teilnehmenden angeeignet werden.

Zum Grundkurs «Rundgang in Geschichten» meldeten sich überdurchschnittlich interessierte und mitdenkende Freiwillige an, die mit den Kirchgemeinden und Kirchen bestens verbunden sind. Bei der Motivation, den Kurs zu besuchen, zeigen sich zwei Schwerpunkte: «Die Kirche mit ihrer Geschichte bekannt machen und durch Nachforschen das Wissen nachhaltig sichern» und «nach Beendung eines Lebensabschnittes wieder mehr Kraft und Zeit für ein eigenes, weiterführendes und spannendes Projekt haben».

Der Kurs muss eine Warteliste führen, weil er auf sehr grosses Interesse stiess. Dies zeigt, dass die Zielgruppe «Neue Freiwillige mit gutem Kontakt zur Kirchgemeinde» mit der Kursausschreibung gut getroffen wurde.

Kurskonzept

Zur Namensgebung des ersten Kirchenführungskurses in der Schweiz

Der in Deutschland verwendete Begriff «Kirchenpädagogik» kann für den Kurs nicht übernommen werden, weil Pädagogik im schweizerischen Umfeld nur für die Arbeit mit Kindern verwendet wird. Kirchenandragogik trifft den Kursinhalt eher, da der neu zu konzipierende Kurs einen Schwerpunkt bei Rundgängen für Erwachsene hat. Kirchenandragogik ist nicht selbsterklärend und engt das Kursziel zu sehr ein. Ein Kurstag gilt explizit den Rundgängen mit Kindern und Familien. Es ist

---

4   Bundesverband Kirchenpädagogik e.V., Dresdner Positionspapier, Dresden 2010.

auch davon auszugehen, dass die Kursteilnehmenden zukünftig mit sehr heterogenen Gruppen Rundgänge durch die Kirche gestalten.

Der Begriff «Führer» oder «Führung» im Titel weckt unschöne oder falsche Vorstellungen. Deshalb einigten sich die Begleitgruppe und die Kursentwicklerinnen auf den Titel «Rundgang in Geschichten». Ein Rundgang ist etwas offenes, Rundgänger und Rundgängerinnen können selber entdecken, sind selber aktiv. Wer einen Rundgang leitet, muss sowohl vortragen und animieren als auch zuhören können. Rundgänge finden im Dialog statt.

Zur Kurslänge

Der Grundkurs «Rundgang in Geschichten» ist deutlich kürzer als die kirchenpädagogischen Kurse aus Deutschland, dies weil er ausschliesslich für Freiwillige konzipiert ist. Für einen Kurs, der ausschliesslich zukünftiger Freiwilligenarbeit dient, sind die sechs vollen Präsenztage mit mindestens nochmals sechs eigenverantworteten Arbeitstagen an der oberen Grenze des Zumutbaren.

Für offene und gastfreundliche Kirchgemeinden

Von qualifizierten und interessierten Freiwilligen durchgeführte Rundgänge stellen eine Chance für gastfreundliche Kirchgemeinden dar, die sich über ein neues, vielseitig attraktives Angebot freuen und bereit sind, Freiwillige bei Ortskirchenführungen zu unterstützen. Wie bei allen Angeboten, die in unbezahlter Arbeit für die Kirchgemeinden geleistet werden, müssen auf Seite der Kirchgemeinde Ressourcen bereitgestellt werden für eine sinnvolle und achtsame Begleitung der Engagierten. Kirchgemeinden, die dies zu leisten bereit sind, können dafür im Gegenzug ihre Kirche bei Dorf-, Quartier- und Stadtfesten, bei Neuzuzügerapéros und anderen Gelegenheiten vorzeigen und erhalten Botschafterinnen und Vermittler des Gemeindelebens. Durch das Veröffentlichen und Durchführen der Rundgänge steigt das Interesse der Wohnbevölkerung am Kirchengebäude, so dass dieses vermehrt wahrgenommen und geschätzt wird. Wer einmal an einem Rundgang teilnimmt, verliert die Schwellenangst, erlebt Kirche zugänglicher, weltoffener und transparenter und betritt das Gebäude eher wieder. Kirchen werden als lebendige Erfahrungsorte erschlossen. So steigt auch die Bereitschaft in der Ortsbevölkerung, die Kirche als schützenswertes Gebäude zu erhalten und zu pflegen.

Kirchenführungen sind Teil der Strategie für eine offene einladende Kirche. Kirchenführungen sind eine Gelegenheit, auch einem kirchenferneren Publikum die Kirchen zu zeigen und sowohl über die Architektur und die Geschichte wie auch über religiöse Symbole, Spiritualität, Glaube zu sprechen und mit anderen Ansichten in einen Dialog zu treten.

Grobziele des Kurses

Die Teilnehmenden sind bei Kursende in der Lage, in ihrer eigenen Kirche thematische Rundgänge zu konzipieren und durchzuführen. Sie erlernen in der Konzeption, Feinplanung und praktischen Erprobung eines ersten Rundgangs beispielhaft, welche Arbeitsschritte dazu nötig sind. Sie können das Gelernte anwenden für das Erarbeiten von weiteren Rundgängen.

Die Teilnehmenden verfügen über ein solides Wissen über ihre Kirche. Sie kennen Sagen und Erzählungen aus verschiedenen Zeiten rund um den Ort der Kirche und können die Bau- und Bestückungsgeschichte ihrer Kirche in Zusammenhang zur Zeit- und Ortsgeschichte setzen.

Die Teilnehmenden verfügen über soziale und fachliche Kompetenzen, die ihnen das Leiten und Begleiten von Menschen im Kirchenraum ermöglicht. Sie haben dabei ihre Rolle, ihre religiöse Ausprägung und ihren Umgang in verschiedenen Gesprächssituationen reflektiert und sind fähig, religiöse, spirituelle, konfessionelle Inhalte im Rahmen eines Rundgangs zu vermitteln und dazu in einen Dialog zu treten. Sie lernen dabei andragogische und pädagogische Konzepte und Methoden kennen, die die zukünftigen Rundgangs-Teilnehmenden einbeziehen, sie Entdeckungen machen lassen, ihnen die nötigen Inputs geben. Sie verfügen dabei über genügend didaktisches Handwerk, um einen Ablauf im Gesamten stimmig und zielgruppenorientiert zu planen.

Die Teilnehmenden haben ihre Rolle als Gastgeber und Repräsentantin der Kirche reflektiert.

Sie haben einen eigenen Leitungsstil gefunden und wissen, wo ihre Stärken beim Führen durch Kirchen liegen.

Es werden nicht «nur» architektonische und historische Inhalte vermittelt: Die Kirchenführungen sind erkennbar als kirchliche Führungen
von engagierten und interessierten Freiwilligen.

Wandernder Kurs

Der Kurs findet als wandernder Kurs statt. Als Kursorte dienen die
Kirchgemeinden von einigen Kursteilenehmenden. Die Kursleitung
wählt die Orte im Anschluss an die Aufnahmegespräche nach einem
klaren Kriterienkatalog aus. Wichtig ist es, eine breite Vielfalt hinsichtlich
Architektur und Standortgemeinden zu haben.

So werden verschiedene Baustile und Lagesituationen der Kirchen
kennen gelernt. Die Auseinandersetzung mit der Kirche und der Kirchgemeinde des Kursortes gehört zum Kurskonzept. Das Kennenlernen
verschiedener Gemeindesituationen, verschiedener Architekturstile und
verschiedenartig bestückter Kirchen setzt das oft als selbstverständlich
angenommene Eigene in Frage, regt zur gruppeninternen Auseinandersetzung über das «Normale» an und gibt neue Denkimpulse. Die jeweiligen Kirchgemeinden und Kirchen werden von den gastgebenden Kursteilnehmenden vorgestellt. So werden die Besonderheiten des Ortes
wirklich erfahrbar.

Zu den Hausaufgaben zwischen den Kurstagen

Die Hausaufgaben dienen dem Verfassen und Erstellen des ersten eigenen Rundgangs, der die Schlussarbeit des Kurses darstellt. Die Hausaufgaben bestehen aus klar umschriebenen obligatorischen Arbeitsanleitun-
gen. Dazu kommen ergänzende Aufgaben-Vorschläge, die weiterführen
sollen, neue Zugänge ermöglichen wollen, die anregen zum Experimentieren und Entdecken.

Die Teilnehmenden stellen ihr Schaffen jeweils am folgenden Kurstag
vor. Dabei arbeiten sie in Kleingruppen und erhalten genug Zeit für
Feedbacks und weiterführende Besprechungen.

Exemplarisches Lernen und Mitwirkung der Teilnehmenden am Lernprozess

Die Kursleitung gestaltet den Kurs möglichst so, dass exemplarisches
Lernen möglich ist. Idealerweise sind alle im Kurs angewendeten er-
wachsenenbildnerischen Tools in übertragener Weise im Kontext einer

Kirchenführung verwendbar. Jedes Tool wird daher mit seiner Zielsetzung genau beschrieben und abgegeben, die Teilnehmenden erproben so während des Kurses andragogische Methoden, die sie später anwenden können, und sie können sich in der Auseinandersetzung zu ihrem eigenen Stil finden.

Die Kursleitung fördert ein mitwirkungsorientiertes Lernklima aktiv. Die spezifischen Fachkenntnisse der einzelnen Teilnehmenden werden für den gesamten Kurs nutzbar gemacht. Für die Kursdynamik und das Selbstverständnis der angehenden Kirchenführenden ist es eminent wichtig, dass einzelne Kurssequenzen an die Teilnehmenden abgegeben werden. Die Teilnehmenden werden so als Fachpersonen wahrgenommen, erhalten ein Übungsfeld im Auftreten und bringen neue Aspekte mit eigenen Ansichten in den Kurs hinein. Ich nenne einige Beispiel von Kurssequenzen, die von Teilnehmenden gestaltet werden: das akustische Erkunden des Kirchenraumes, die Fragerunde zu: «Was Sie schon immer über die pfarramtlichen Handlungen wissen wollten ...», eine Einführung ins Lesen von Plänen, Sigristensicht auf Kirchenbesuche und einiges mehr. Ausserhalb der Kurszeiten organisiert ein Teil der Kursgruppe einen Besuch im Atelier eines bekannten Fenstergestaltungskünstlers.

Die aktive Teilnahme und der Austausch unter den Teilnehmenden fördern die Entstehung des ersten eigenen Rundgangs. In Kleingruppen werden Teile des entstehenden Rundgangs vorgetragen und erprobt, das anschliessende Feedback gibt Rückmeldung zu Vortragsstil, Inhalten und Wirkung. Beim Besprechen der weiteren Schritte können Unsicherheiten, Fragen angesprochen und voneinander Tipps und Anregungen abgeholt werden.

Als digitale Lernplattform dient ein Dropbox-Ordner. Dorthin stellen sowohl die Kursleitung als auch die Teilnehmenden Dokumente, die gegenseitig einsehbar sind. So entsteht ein virtueller Campus, dessen Zugang für alle gleichwertig möglich ist.

Durch die hohen Eigenaktivitäten erhält der Kurs eine lebendige, inspirierende Lernatmosphäre, in der alle voneinander profitieren können.

Qualifizierte Tagesreferentin mit konstanter Kursleitung

Der Kurs wird konstant begleitet von der Kursleitung. Sie leitet an jedem Kurstag diejenigen Blöcke, die Hausaufgaben, Gruppenbildung und Feedbackkultur zum Inhalt haben. Die spezifischen und inhaltlichen

Kurssequenzen werden von qualifizierten Fachpersonen gehalten, die über das ganze Kursgeschehen informiert sind, so dass keine methodischen und inhaltlichen Doppelungen stattfinden.

Sicherung der Qualifikationen der Teilnehmenden

- Führen von Eignungsgesprächen
Mit allen Bewerberinnen und Bewerbern für den Bildungsgang wird im Voraus ein Gespräch geführt. Dabei werden Motivation, Eignung, Vorwissen und besondere Kompetenzen geklärt. Zudem empfehlen wir den Teilnehmenden, in einem Gespräch mit ihrer Kirchgemeinde die Einsatzmöglichkeiten als Kirchenführer resp. Kirchenführerin sowie die Einbettung der Kirchenführungen ins Kirchgemeinde-Angebot zu klären. Idealerweise holen sie sich ein «Mandat» von der Kirchgemeinde und beantragen die Übernahme der Kurskosten.

- Einsitz in die Präsentationen während des Kurses
Alle Teilnehmenden präsentieren an jedem Kurstag einen Teil ihres Rundganges. Dies geschieht in Kleingruppen. Die Kursleitung nimmt in verschiedenen Gruppen Einsitz, so dass sie jede teilnehmende Person mehrmals beim Präsentieren erlebt und ihr Feedback geben kann.

- Abschlussarbeit: Fertiger Rundgang
Die Abschlussarbeiten werden von der Kursleitung gelesen und kommentiert. Wenn nötig, schreiben die Teilnehmenden eine zweite, verbesserte Fassung.

- Qualitätssicherung des Kurses: Evaluation durch Kursbegleitung
Eine Kursbegleiterin[5] nimmt an ausgewählten Kurstagen teil und evaluiert die von ihr besuchten Sequenzen hinsichtlich Methoden, Zielerreichung, Lernfortschritten und Kursstimmung.

---

5   Ines Walter Grimm, Erziehungswissenschaftlerin, Beauftragte für Freiwilligenarbeit der Reformierten Kirchen Bern-Jura-Solothurn.

- Qualitätssicherung des Kurses: Feedbackkultur
Nach jedem Kurstag wird exemplarisch mit verschiedenen Methoden ein Feedback erhoben. Vor Kursende geben die Teilnehmenden ein differenziertes, auf Multiple Choice und offenen Fragen beruhendes schriftliches Feedback ab, das eine Grundlage der Kursevaluation ist.

Evaluation und weiteres Vorgehen

Nach Kursende wird der Kurs evaluiert. Evaluationskriterien sind die Rückmeldungen der Teilnehmenden, der Lernerfolg der Teilnehmenden, die Rückmeldung der Fachreferenten und Fachreferentinnen und der Kursbegleiterin sowie das Auswerten der Zielerreichung des Gesamtkurses. Es werden die aufgewendeten personellen und finanziellen Ressourcen dargestellt und es wird eine kleine Umfrage vorgenommen bezüglich Interesse an weiteren Kursen und an einzelnen Weiterbildungstagen für die Kursabsolvierenden und Personen, die schon länger Führungen in Kirchen leiten. Weiter werden Vernetzungsmöglichkeiten mit Weiterbildungen für Pilgerbegleitende und die Möglichkeit einer virtuellen Vernetzungsplattform abgeklärt.

In einzelnen Kirchgemeinden der Kursteilnehmenden wird nachgefragt werden, ob und mit welchem Erfolg Rundgänge stattfinden oder geplant sind.

Nachdem die Evaluation abgeschlossen ist, soll über das weitere Vorgehen bezüglich Weiterbildung der Kursabsolventinnen und -absolventen, Vernetzungsmöglichkeiten sowie weitere Grundkurse «Rundgänge in Geschichten» entschieden werden.

Aufbau des Grundkurses: Kurstage

Erster Kurstag: Kirche – Lebendiger Erfahrungsort

Die Kirche wird am ersten Kurstag als lebendiger Erfahrungsraum erfahren und reflektiert. Der Kennenlernphase der Gruppe wird mit Kennenlerntools, Orientierung über Kursinhalte und -arbeitsweise, gut beschriebenen Arbeitsaufträgen und bewusster Gruppenbildung Rechnung getragen.

Am Morgen des ersten Kurstages erhalten die Teilnehmenden den Auftrag, in Kleingruppen ein eigenes Kirchenmodell zu planen und zu bauen. Dabei erleben sie konkret verschiedene Idealvorstellungen von Kirche, müssen sich für bestimmte Zweckbestimmungen der Kirche entscheiden und steigen spielerisch in die Auseinandersetzungen, die sich bei einem Kirchenneubau oder einer Kirchenrenovation ergeben, ein. Das gemeinsame Bauen des Kirchenmodells mit verschiedenen Materialien lässt Zeit zum Austausch, zum Sich-Kennenlernen. Nach der Bauphase stellt jede Kleingruppe ihr Kirchenmodell vor und erlebt sich selber in einer kurzen Sequenz exemplarisch als Führende eines kirchlichen Raums.

Im Nachmittagskursblock nehmen die Teilnehmenden an einer Führung durch die Heiliggeistkirche in Bern teil. Viel Wert wird dabei auf die Annäherung an die Kirche gelegt. Auch hier werden Tools verwendet, die bei jedem Rundgang eingesetzt werden können. Die Heiliggeistkirche steht mitten im urbanen Umfeld des Bahnhofplatzes in Bern. Diese Auseinandersetzung mit der Urbanität prägt die Gemeinde und auch den Verein «Offene Heiliggeistkirche Bern». In dieser Kirche finden regelmässig geführte Rundgänge durch die Kirche statt, die dialogisch und thematisch aufgebaut sind; dafür zuständig ist ein Team. Jemand aus diesem erfahrenen Team leitet auch die Kursteilnehmenden durch die Kirche. Nach dem Rundgang wird dieser analysiert und auf einen eigenen Rundgang hin reflektiert. Dabei steht dem Kurs die erfahrene Fachperson zur Seite. Sie erarbeitet zusammen mit der Gruppe erste wichtige Bausteine einer Kirchenführung.

Zweiter Kurstag: Kirchenraum und seine theologischen Grundlagen

Was macht einen Kirchenraum aus? Was ist daran so speziell? Und wie sieht der Bezug zur Umgebung aus? Wo sind sichtbare Zeichen der jetzigen Gemeinde im Raum manifest? Wie empfange ich Gäste und heisse sie willkommen?

Der zweite Kurstag schärft den Blick für den achtsamen Umgang mit dem «aufgeladenen Raum» Kirche und der Rolle als Gastgeberin/Gastgeber.

Die Kirche und ihre Umgebung sind Ausdruck von Glauben und Spiritualität der darin tätigen Gemeinde gestern, heute und morgen. Im Kirchenraum drückt sich diese spirituelle Kraft aus. Wer andere durch eine Kirche hindurch begleitet, hat die Rolle einer achtsamen Gästebegleitung und achtet auf die vier verschiedenen Phasen eines Kirchenbesuchs: sich sammeln und annähern, sich einlassen und entdecken, vertiefen, ablösen und beenden.[6]

Unsere Reaktion auf Räume und Umgebungen ist durch die eigene Biografie geprägt. Wahrnehmungsübungen und deren Reflexion gehören deshalb zu den Bestandteilen des zweiten Kurstags. Dabei wird immer wieder daran gearbeitet, wie das soeben Erlernte, Erlebte und Reflektierte in einem eigenen Rundgang umgesetzt werden kann.

Dritter Kurstag: Architektur und Ausstattung von Kirchen

Wie ist die eigene Kirche einzuordnen? Welche konfessionellen Unterschiede gibt es in der Bestückung und im Bau von Kirchen? Wie sieht eine grobe Architekturgeschichte des Kirchenbaus aus?

Der dritte Kurstag dient dazu, ein architektur- und kunstgeschichtliches Gerüst zu erhalten, um die eigene Kirche einordnen zu können. Welchem Typus gehört sie an? Welche Baugeschichtsphasen sind in ihr ersichtlich? Welche ungefähren theologischen Überlegungen fliessen in Bau, Bestückung, Fenstergestaltung, Renovationen und Umbauten ein?

Dabei geht es weniger um die grossen berühmten Kirchenbauten, sondern darum, die Schweizer Kirchenbauentwicklung grob nachzuzeichnen. Nach diesem Kurstag sind die Kursteilnehmenden fähig, ihre Kirche zu situieren und verfügen über ein Grundwissen, wie sie weitere Nachforschungen unternehmen können.

Vierter Kurstag: Rahmenbedingungen und Didaktik

Welche Voraussetzungen müssen erfüllt sein, um einen Rundgang gut durchführen können? Wie ist er in die Kirchgemeinde eingegliedert? Welche Rahmenbedingungen sind gegeben? Welche Ziele will ich eigentlich mit einer Führung erreichen? Wie kann das Zielpublikum aussehen? Welche Inhalte will ich vermitteln? Welche Methoden und Sozialformen verwenden? Wie gehe ich mit der Alleswisserin, dem Redseligen, dem stillen Wasser oder der Ausfragerin um?

Am vierten Kurstag lernen die Teilnehmenden, wie ein Rundgang didaktisch reflektiert und fundiert gestaltet wird. Dafür erhalten die Teil-

---

6 Nach Birgit Neumann/Antje Rösener, Kirchenpädagogik. Kirchen öffnen, entdecken und verstehen, 3. Aufl., Gütersloh 2005.

nehmenden Inputs. Arbeitsmaterialien und Anleitungen ermöglichen ihnen das Aneignen der didaktischen Grundlagen und das Stellen didaktischer Grundfragen. Die eigenen Rundgangsentwürfe werden hervorgenommen, analysiert und in Frage gestellt, die Planung noch einmal von Neuem bedacht.

Es findet eine Auseinandersetzung mit den verschiedenen Gästetypen und dem eigenen Rollenverständnis als Leiter oder Leiterin eines Rundgangs statt.

Exemplarisch werden Methoden erprobt im Kennenlernprozess der Ortskirche und in der Auseinandersetzung mit den Gästetypen.

Fünfter Kurstag: Kirchenführung mit spielerischen und erzählerischen Elementen inszenieren

Nach all der reflektierten Didaktik des vierten Kurstages öffnet der fünfte Kurstag noch einmal den Blick, macht Mut zum Experimentieren mit spielerischen Elementen und Animationsmöglichkeiten. Es wird gespielt und sofort umgesetzt. Die Teilnehmenden erhalten den Auftrag, selber Anleitungsaufträge zu erteilen. Die bislang für Erwachsenengruppen konzipierte Führung wird überprüft auf ihre Tauglichkeit als Führung für Kindergruppen und Familien. Eine Religionspädagogin vermittelt didaktische und animatorische Möglichkeiten zur Arbeit mit Kindern und lenkt den Blick auf die unterschiedlichen Arbeitsmethoden bei verschiedenen Altersgruppen.

Sechster Kurstag: Präsentation und Zertifikatsübergabe

Am sechsten Kurstag sind Vertreter und Vertreterinnen der Kirchgemeinden sowie Angehörige der Teilnehmenden eingeladen zu einem Rundgang voller Perlen und einer feierlichen Zertifikatsübergabe.

Der Kursmorgen dient dazu, einander Perlen der Rundgänge vorzustellen und Kursrückmeldungen zu geben und den Kurs als Gruppe gut abzuschliessen.

Dann folgt die Vorbereitung einer gemeinsamen «Meisterarbeit». Gemeinsam gestalten die Teilnehmenden einen Rundgang nach allen Regeln der Kunst. Die Aufgabenverteilung haben sie am Ende des fünften Kurstages erhalten. Jetzt geht es ums Zusammenfügen und Proben, ums Umsetzen vor Ort. Die geladenen Gäste sollen am Nachmittag durch die Kurskirche geleitet werden, alle Kursteilnehmenden leisten ihren Beitrag. In diesen «Meisterrundgang» fliessen methodische, darstellerische und inhaltliche Perlen aus allen Rundgängen ein. Es soll ein didaktisch durchdachtes Gesamtkunstwerk entstehen, soweit dies den besonderen Umständen entsprechend möglich ist. Die Gäste erhalten Einblicke in das Schaffen und die Arbeitsweise der frisch zertifizierten Kirchenführer und Kirchenführerinnen. Die Vorfreude darauf wird geweckt, nun in der Kirchgemeinde eine Fachperson für das Führen von Kirchen zu haben. Bei der feierlichen Zertifikatsübergabe ist ein Vertreter der Kirchenleitung anwesend, der mit seiner Präsenz der Feier ihre Wichtigkeit verleiht.

Eine Führung im Berner Münster:
Der Kirchenraum – damals und heute[1]

Felix Gerber

1. Wie war der Bau gedacht? Planung und Bau

Auftraggeber zum Bau des Berner Münsters war nicht etwa die Kirche, sondern der «Rat der 200», also der damalige Grosse Rat des Stadtstaates Bern. Und dieser Umstand hatte wesentlichen Einfluss auf die Grösse und andere Merkmale dieses Baus. Werfen wir also einen Blick auf die Zeit des Baubeschlusses und fragen wir uns nach den Gründen, die zum Bau des Berner Münsters führten.

Es ist aus heutiger Sicht nämlich sehr bemerkenswert, dass die damalige Generation diesen Baubeschluss fällte, war sie sich doch sehr bewusst, dass sie zwar grosse Summen in den Bau investieren wird, dessen Vollendung hingegen nie würde miterleben können. Die Summen, die im Mittelalter von Kirche, Staat und Familien in den Bau und Unterhalt von sakralen Bauten investiert wurden, entsprechen durchaus den Summen, die unsere heutigen Generationen in den Bau und Unterhalt der Mobilitätsinfrastruktur investieren (Bahn 2000, AlpTransit, Ausbau des Autobahnnetzes), nur wollen die heutigen Generationen in aller Regel innert ein paar Jahrzehnten davon profitieren können.

---

1 Im Rahmen der Tagung «Bildung und Raum» vom 25. November 2011 fand die nachfolgende, einstündige Führung im Berner Münster statt.
Die Inhalte dieser Führung entstammen einerseits den schriftlichen Münsterführern (v. a. Christoph Schläppi/Bernard Schlup, Machs na. Ein Führer durchs Berner Münster, Bern 1993) und andererseits unzähligen Gesprächen des Autors mit Theologen, Architekturhistorikern, Historikern, der Münsterbauleitung, Restauratoren, Denkmalpflegern sowie eigenen Beobachtungen und Schlussfolgerungen.
Da diese Gespräche damals nicht mit dem Ziel geführt wurden, eine wissenschaftliche Publikation zu erarbeiten, wurden sie nicht aufgezeichnet und können daher nicht mehr datiert werden. Sie fanden alle im Zeitraum zwischen 2007 und 2013 statt. Dies erschwert natürlich die wissenschaftlich korrekte Zitierweise.

Versetzen wir uns also ins Jahr 1420. Nach dem letzten, grossen Stadt-
brand Berns von 1405 wurden die Häuser der Stadt als 2- bis 3-stöckige
Fachwerkbauten wieder aufgebaut. Zwar war der Baustoff der meisten
Häuser wiederum Holz, jedoch durften die Dächer nicht mehr mit Stroh
oder Holzschindeln gedeckt werden, sondern es mussten Ziegel verwendet werden.

Die Lauben waren bereits vorhanden, die Pflästerung der Strassen
wurde erst 1395 begonnen, brachte jedoch eine gewisse Verbesserung
der hygienischen Bedingungen: der Morast bei Regenwetter und der
Staub bei Trockenheit gehörten der Vergangenheit an – blieb noch der
Mist der in der Stadt gehaltenen Pferde, Rinder, Hühner, Gänse, Schwei-
ne, Ziegen etc. sowie das zugehörige Heer der Fliegen. Für die hygienischen Verhältnisse in der Stadt ein wesentlicher Faktor, wie wir in Kürze
noch sehen werden.

Das Rathaus wurde zwischen 1406 und 1415 wieder aufgebaut, dies-
mal in Stein. Mehrere Klöster befanden sich innerhalb der Stadtmauern.
Die Befestigungsanlagen wurden mit dem Wachstum der Stadt mehrmals
samt Wall und Graben gegen Westen verschoben.

Wie kommt der Rat der 200 nun um 1420 auf die Idee, in Bern eine
gotische Kirche bauen zu lassen?

Vordergründig fehlte dem Rat ein Raum, in dem er die gesamte
männliche Stadtbevölkerung versammeln konnte. Zu Beginn des
15. Jahrhunderts umfasste Bern 5000 bis 6000 Einwohner, war also eine
ansehnliche Mittelstadt: damals bevölkerungsreicher als Zürich, Luzern
und Lausanne, etwa gleich gross wie Fribourg, jedoch kleiner als Basel
und Genève. Es sollte also ein Raum her, in dem rund 3000 Personen
(stehend) Platz finden.

Mindestens ebenso interessant sind die Hintergründe, die den Bauent-
scheid wesentlich mitbeeinflussten:

a.   *Die gesellschaftlichen Verhältnisse*

Im 15. Jahrhundert lebten die meisten Menschen in der Form der Sippe:
alle Generationen unter einem Dach. Durch die geringen medizinischen
Möglichkeiten (Seuchen, Kinderkrankheiten) und durch die schlechten
hygienischen Verhältnisse starben in den Sippen besonders viele Kinder

und junge Frauen (in der Zeit des Blutflusses nach einer Geburt), was dazu führte, dass eine Sippe im mittelalterlichen Bern im Durchschnitt etwa alle 2 Jahre direkt vom Tod betroffen war. Diese immer wieder in grosser Nähe vorkommenden Todesfälle bewirkten, dass sich die damaligen Menschen sehr intensiv mit dem eigenen Sterben sowie mit dem Sterben naher Angehöriger auseinandersetzten. Die Fragen «Wer bin ich? Woher komm' ich? Wohin geh' ich?» waren stete Begleiter, und wurden geschürt von der damaligen Kirche, die eine Theologie von «Gott als dem Rächer und Bestrafer» verbreitete und gleichzeitig Mittel und Wege bot, um den ewigen Höllenqualen mittels Arbeitsleistungen und Zahlungen zu entkommen.

Das Bewusstsein der damaligen Menschen erstreckte sich im Gegensatz zu heute über eine viel grössere Zeitspanne:
Die heutige, westliche Gesellschaft neigt dazu, ein Element aus der fernöstlichen Philosophie zu übernehmen: «Der Weg ist das Ziel». Die Menschen im Mittelalter dachten anders. In ihrem Verständnis existierten unsere Seelen schon vor der Geburt irgendwo im göttlichen Reich, wir werden durch den göttlichen Willen zu einem bestimmten Zeitpunkt an einen bestimmten Ort und in eine bestimmte Sippe ins weltliche Dasein geboren, haben «hienieden im Jammertal» eine Zeit der Bewährung zu bestehen, sterben zum Zeitpunkt X, sind tot, bis Christus, der Weltenrichter am Tage des Jüngsten Gerichtes alle Lebenden und Toten zu sich ruft und wo sich dann je nach Lebensführung entscheiden wird, ob wir das ewige Leben erlangen oder ewige Qualen erleiden werden. Das Bewusstsein reichte also von Ewigkeit zu Ewigkeit: in dieser Zeitspanne ist der Abschnitt des irdischen Lebens der kürzeste Abschnitt – entsprechend gross ist die Bereitschaft, möglichst viel für die Zeit danach zu tun.
Diese Bereitschaft der Bevölkerung äusserte sich einerseits in der Form von Stiftungen von Familienaltären und Messen für die Verstorbenen und andererseits je nach Sippenvermögen in der Form von Stiftungen ganzer Familienkapellen, (Chor-)Fenster oder anderer Teile und Ausstattungen des Kirchenbaus.
Die bisherige, romanische Kirche, die sich vor dem Münster am selben Ort befand, war nicht nur zu klein für die Versammlung des männlichen Teils der Stadtbevölkerung, sie bot auch zu wenig Platz für die Aufnahme der Familienaltäre derjenigen Sippen, die dies wünschten.

Der Bau einer neuen, grösseren Kirche entsprach also auch einem (entsprechend geschürten) Bedürfnis der damaligen Gesellschaft.

b. *Die politischen Verhältnisse*

Bern wähnte sich zu Beginn des 15. Jahrhunderts als der mächtigste Stadtstaat nördlich der Alpen. Das Berner Oberland, das Emmental und Mittelland, das Schwarzenburgerland, Teile des Juras sowie Teile des heutigen Aargaus waren bereits erobert oder durch Verträge oder Käufe Teil des Bernischen Herrschaftsgebietes geworden und noch im 15. Jahrhundert und bis 1536 kamen die Waadt und Teile Savoyens hinzu.

Durch intensiven wirtschaftlichen und kulturellen Austausch mit dem süd- und mitteldeutschen Raum kamen Berner Reisende in Kontakt mit den kirchlichen Prestigebauten unter anderem in Ulm, Freiburg, Strassburg und Köln, die allesamt im Baustil der nördlich von Paris (Abtei St. Denis) erfundenen und dort zum ersten Mal realisierten Gotik geplant und gebaut wurden. Die Dominanz und Ausstrahlung dieser Bauten in ihren mittelalterlichen Stadtumgebungen, die Raumhöhe und Wirkung des Lichtes in ihrem Innern liess in diesen Reisenden den Wunsch aufkommen, dass für Bern nichts anderes in Frage käme, als ebenfalls einen solchen Bau zu realisieren, der der politischen und wirtschaftlichen Bedeutung des Staates Bern als angemessen eingestuft wurde: Kirche als Macht- und Statussymbol.

c. *Wirtschaftliche Aspekte*

Eine wesentliche Triebfeder hinter den geografischen Expansionsplänen Berns waren wirtschaftliche Überlegungen: Reisen und dabei insbesondere Handelsreisen waren im Mittelalter ein abenteuerliches Unterfangen. Gross war das Risiko, unterwegs Opfer von Räubern und Wegelagerern zu werden. Im eroberten oder vertraglich einverleibten Gebiet sorgte Bern mit Waffengewalt für Sicherheit. So sprach es sich rasch herum, dass die Handelswege auf Bernischem Boden als sicher galten, was innert kurzer Zeit dazu führte, dass die mitteleuropäische West-Ost-Transitachse sich aus dem Raum Ulm an den Jura-Südfuss verlagerte. Bern nützte dies aus und verlangte an den Wegkreuzungen, Brücken und

Stadttoren Zölle. Besonders lukrativ war Aarburg, da sich hier die Handelsachsen West-Ost und Nord-Süd kreuzten.

Teile dieser staatlichen Einnahmen aus der damaligen Mobilität wurden verwendet, um den gotischen Prestigebau des Münsters zu finanzieren.

Aber auch die vermögenden Sippen steuerten reichlich Mittel bei. Diese Mittel stammten aus dem Handel mit Textilien, Metallen, Salz, Wein, Südfrüchten und Gewürzen sowie aus dem Export, insbesondere von Sensen und Leder. Zu einem grossen Teil sind die privaten Stiftungen noch heute erkennbar an den in den Fenstern, Seitenkapellen und Ausstattungen angebrachten Familienwappen.

So wissen wir anhand von im Archiv der Berner Münster-Stiftung gelagerten Dokumenten, dass die Familie von Diesbach 800 Gulden zum Bau einer Seitenkapelle stiftete, was umgerechnet auf heutige Verhältnisse dem Wert von etwa 800 000 CHF entspricht.

d.   Kirchliche Aspekte

Zum einen wies der Vorgängerbau des Münsters grössere Schäden auf, die zum Teil von einem früheren Erdbeben stammten. Zum andern war da dieser starke Wunsch nach einem sakralen Prestigebau, der den Sippen den nötigen Raum für ihre Familienaltäre und -kapellen bot. Und um 1420 besteht das Gebiet der Eidgenossenschaft aus zwei Bistümern: eines mit Sitz in Konstanz, das andere mit Sitz in Lausanne. Die Aare bildete die natürliche Grenze dazwischen. Bern befand sich also am nahezu entferntest möglichen Punkt von den beiden Bischofssitzen und nahm sich hieraus kirchlich grosse Freiheiten.

Diese sich selber genommenen Freiheiten gipfelten im Planungs- und Bauauftrag, den der Rat der 200 dem jungen Werkmeister Matthäus Ensinger übertrug, Sohn des berühmten Ulrich von Ensingen (der bis zu seinem Tod 1419 gleichzeitig Werkmeister am Strassburger und Ulmer Münster war):

Die neue Kirche solle länger und breiter als die Kirche St. Nicolas in Fribourg und gleichzeitig auch etwas länger als die Kathedrale in Lausanne werden, sie soll dem Baustil entsprechen, wie er im süddeutschen Raum gerade im Schwange war (der Begriff «Gotik» wurde erst zur Zeit der Renaissance geprägt) und er erhielt vom weltlichen Auftraggeber einen Budgetrahmen von 100 000 Gulden (was heute der Grössenordnung von etwa 100 Mio. CHF entspräche).

100 Mio. CHF sind für ein Städtchen von gut 5 000 Einwohnern auch im Mittelalter eine sehr grosse Summe – und doch sind es für den Bau einer gotischen Kathedrale sieben- bis achtmal zu wenig Mittel. Matthäus Ensinger hatte also ein erhebliches Problem und es ist beeindruckend, wie gekonnt er sich aus diesem Dilemma herausarbeitete:

Sein erster gedanklicher Ansatz war das Prinzip der Reduktion. Im Unterschied zur traditionellen, gotischen Bauweise liess er den Chorumgang weg, der es den Laien andernorts ermöglicht, einen Blick in den für sie nicht zugänglichen Chor zu werfen. Und trotz dieser Massnahme musste er auf der Ostseite mehrere Sippenhäuser abbrechen (und Realersatz für die betroffenen Familien schaffen), was den ohnehin schon viel zu engen Budgetrahmen zusätzlich schmälerte.

Abb. 1: Drei Abstufungen des Kirchenbodens beim Querhaus, beim Chor und beim Sanktuarium. Ebenfalls gut sichtbar: fehlender Chorumgang. (Foto: Felix Gerber)

Eine sehr erhebliche Kostenreduktion brachte der Verzicht auf das Querhaus, das baustatisch immer eine grosse Herausforderung bleibt – insbesondere dann, wenn auf dem Kreuzungspunkt der vier Dachfirste, der Vierung, ein Dachreiter mitsamt einer kleinen Glocke aufgesetzt werden soll. Mit dem Niveau des Bodens, der sich im Gegensatz zu Haupt- und Seitenschiffen/Seitenkapellen von der Süd- bis zur Nordwand durchgängig auf einer erhöhten Ebene befindet, deutet er diskret an, wo das Querhaus wäre, wenn man es sich leisten könnte.

Die dritte Kostenreduktion brachte der Verzicht auf das Triforium, den begehbaren Säulengang, der sich üblicherweise in der Hochschiffwand zwischen den Obergadenfenstern und den Jochbogen befindet und der sehr praktisch ist für die Beleuchtung der Kirche und für das Platzieren von Chören. Im Berner Münster ist das Triforium nur angedeutet mit dem Blendmasswerk, das unterhalb der Obergadenfenster angebracht ist.

Abb. 2: Wandaufriss mit angedeutetem Triforium zwischen Obergadenfenstern und Jochbogen. (Foto: Felix Gerber)

Gestalterisch arbeitete Matthäus Ensinger stark mit den Ansätzen der Integration und der Proportion: schon wenn man vom Münsterplatz her auf das Münster zuläuft, fällt auf, dass das Hauptportal dieser Einturmkirche aus drei Portalen besteht, die optisch wie unter ein «Dach» genommen werden.

Auch die übers Eck gestellten Pfeiler im Hauptschiff mit ihren wulstartigen Dienstbündeln, die im Gewölbe in die Rippenbogen übergehen und so auf die andere Seite der Kirche führen, dort in den Strukturen der Sockel wieder aufgenommen werden und deren Strukturen über die Seitenschiffgewölbe bis an die Aussenwände der Seitenkapellen führen, vernetzen alle Teile des Baus unter sich und zeigen, dass Ensinger ein sehr integratives Verständnis vom Bau dieser Kirche hatte: jeder Teil hat eine spezielle Funktion, ist aber Teil eines grösseren Ganzen. Diese integrative Denkhaltung ist auch am Zusammenhang zwischen dem Innern und dem Äussern des Baus ablesbar: im Innern besteht der Bau aus fünf Querachsen im Chor, fünf Querachsen im Hauptschiff und aus zwei Querachsen beim Turm. Aussen am Münster sieht man ebenfalls zwölf Querachsen, jedoch aufgeteilt in drei Achsen Chor, sieben Achsen Hauptschiff und zwei Turmachsen: alles biblische Symbolzahlen.

Ensingers geistige Symmetrieachse scheint von der Chorwand her betrachtet vertikal im dritten Feld des Hauptschiffes zu verlaufen. An dieser Symmetrieachse gibt es Längsspiegelungen (inhaltlicher Zusammenhang zwischen dem Passionsfenster mit dem Sterben Christi und dem Jüngsten Gericht im Hauptportal, seiner Wiederkunft) und Diagonalspiegelungen (Anordnung der Chindbetterinnentür auf der Südseite hinten und der Hebammentür auf der Nordseite vorne). Diese Symmetrieachse wurde auch im 19. Jahrhundert beachtet, als eines der grossen Chorfenster infolge Hagelunwetters ersetzt werden musste (Christusfenster) und in Form ähnlicher Medaillons gestaltet wurde wie seine an derselben Symmetrieachse gespiegelte Entsprechung (typologisches Fenster).

Abb. 3: Herzförmiges Masswerk im Spitzbogen des Passionsfensters. (Foto: Felix Gerber)

Erst auf den zweiten Blick fällt die mehrere Meter hohe Silhouette eines Herzens auf, die Ensinger den Glasmalern im Spitzbogen des Passionsfensters im Sanktuarium quasi als Rahmen setzte. Wir sehen dieses Herz nur, wenn wir auf Licht *und* Schatten gleichzeitig achten und nur, wenn wir von innen nach aussen schauen: aussen am Münster sind die beiden oberen Bogen der Herzform nicht gebaut, aussen sehen wir eine Zwiebel. Diese Sichtweise scheint typisch für den Blickwinkel Ensingers zu sein und ist etwas, was der französische Autor Antoine de Saint-Exupéry in seinem Buch «Le petit prince» in folgenden Worten des Fuchses zum kleinen Prinzen ausdrückt: «On ne voit bien qu'avec le cœur. L'essentiel est invisible pour les yeux.»

Das Herz als Symbol für die Liebe zwischen Gott und den Menschen, das Herz als Symbol für die Wärme, für das Feingefühl, für die Verletzlichkeit, für die Anteilnahme.

Nochmals zurück zum ursprünglichen Bauauftrag: Matthäus Ensinger und seine Nachfolger haben die geforderten Dimensionen und den gewünschten Baustil umgesetzt. Sie haben jedoch viel mehr daraus gemacht: mit Reduktion, Integration und Proportion, mit Symbolik und Formensprache haben sie einen Raum entstehen lassen, der uns ein angenehmes Raumgefühl, ein Wohlbefinden erfahren lässt. Denn es braucht Hohl-*Räume*, damit inneres und physisches Wachstum geschehen kann: Wachstum setzt Raum – Platz – voraus. Häufig sind es die Bruchstellen in unserem Leben, die uns innerlich wachsen und neue Fähigkeiten erlangen lassen. Jeden Tag sehen wir hier Menschen, die sich mehr oder weniger lange hinsetzen, die traurig sind und hier die innere Ruhe und Zuversicht wiederfinden wollen und oftmals mit einem andern Gesichtsausdruck die Kirche verlassen, als sie sie betreten haben.

Matthäus Ensinger steht ganz in der Tradition der gotischen Baumeister: er hat Gott eine Wohnung – und gleichzeitig der Verletzlichkeit einen Raum gegeben.

Interessant ist auch, wie Ensinger mit den Portalen, also dem Thema «Zugang zur Kirche» umgeht. Es ist sicherlich kein Zufall, dass Ensinger zwölf Türen geplant hat: die zwölf Apostel bieten Zugang zu den Botschaften Christi und das in der Apokalypse geschilderte «Heilige Jerusalem» weist ebenfalls zwölf Türen auf.

Zwei der zwölf Türen befinden sich auf der Südseite, vier auf der Westseite und sechs auf der Nordseite. Alle Türen, die für die Laien gedacht sind, führen entweder ebenerdig oder in der Mehrzahl gar mit ein paar Tritten in die Kirche hinunter! Heute würden wir von einem «niederschwelligen Angebot» sprechen: die Kirchenbesuchenden müssen nicht wie bei andern Kirchen und Kathedralen die Kirche erklimmen, die Kirche ist für die Menschen da. Allerdings öffnen sich zehn der zwölf Türen nach aussen. Dahinter steckt wohl kaum modernes Sicherheitsdenken für den Panikfall, sondern wiederum Symbolik: wir sollen nicht in die Kirche reinstürmen können und fordern «Herr, gib mir ...», sondern wir sollen beim Portal innehalten und beim Öffnen der Tür einen Schritt zurückgehen müssen, um in einer Haltung innerer Demut in diesen heiligen Raum einzutreten.

Wo befinden sich die beiden Ausnahmen? Zum einen betrifft dies den Zugang zur nordwestlich gelegenen Gerbernkapelle. Diese Kapelle wurde noch bis in die 1990er Jahre oftmals für Hochzeits- und Trauer-

feiern genutzt. Die westseitig gelegene Aussentür zu dieser Kapelle öffnet nach innen: so, als wäre insbesondere Trauergemeinden der Zugang
zur Kirche besonders leicht zu machen, und so, dass sich Trauergemeinden und Hochzeitsgesellschaften symbolisch nochmals unter die Obhut
des Höchsten begeben, wenn sie nach der Feier die Tür öffnen und nach
draussen in den Alltag gehen.

Die andere Ausnahme ist die Schultheissenpforte auf der Nordostsei-
te des Münsters. Schon das Gitter davor signalisiert: dieser Zugang ist
nicht für jedermann gedacht. Der Schultheiss, also der Stadtpräsident im
Mittelalter, betritt den heiligen Raum, indem er drei Stufen erklimmen
muss. Seine Tür öffnet sich ebenfalls nach innen, auch er begibt sich
symbolisch unter die Obhut des Höchsten nach seiner Beichte oder
einem Messebesuch, bevor er wieder nach draussen zu seinen Alltagsge-
schäften geht.

Abb. 4: Morgensonne im Passionsfenster. (Foto: Felix Gerber)

Das Verständnis Ensingers für diesen heiligen Raum manifestiert sich auch in der Lichtführung, die im Raum beobachtet werden kann:

Schiff und Chor sind nicht ganz exakt nach Osten ausgerichtet, die Längsachse ist etwas Richtung Norden abgedreht. Im Frühjahr und Herbst, also den Jahreszeiten des Übergangs, wirft die aufgehende Sonne ihr strahlendes Licht und ihren Glanz durch das mittlere Fenster im Chor, das Passionsfenster, und taucht den Eingangsbereich des Münsters in ein warmes, farbiges Licht.

Wenn wir in diesen einmaligen Raum hineinkommen, erinnert uns das hereinfallende Licht an den ersten göttlichen Schöpfungswillen (Genesis: Es werde Licht).

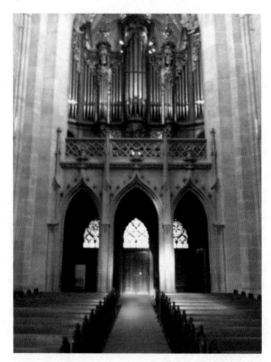

Abb. 5: Ausgeleuchteter Eingangsbereich. (Foto: Felix Gerber)

Das Licht als Grundlage allen Lebens. Übersetzt in die symbolische Sprache Ensingers: mit unserem Eintritt ins irdische Leben hat Gott bereits den Bogen bis in unsern Tod und darüber hinaus gespannt, das Licht dringt von der Sonne kommend durchs Passionsfenster, erleuchtet unser Hereinkommen, aber auch den ganzen Weg durchs Schiff (unsern Lebensweg), durch den Tod hindurch (Passionsfenster) bis ins Licht des ewigen Lebens danach.

Im Verlauf des Tages wandert die Sonne und erleuchtet durch die Fenster in den Seitenkapellen und Obergaden immer wieder andere Stellen im Innern der Kirche. Hier als Beispiel den Taufstein, wie er im Frühjahr und Herbst, kurz nach Mittag, durch ein Obergadenfenster angeleuchtet wird.

Abb. 6: Taufstein im Nachmittagslicht. (Foto: Felix Gerber)

Die Anordnung der Obergadenfenster und die Höhe der Jochbogen im Hauptschiff sind so aufeinander abgestimmt, dass das direkte Sonnenlicht im Verlauf des Tages sogar bis in die nördlichen Seitenkapellen zu dringen vermag. Wieder ein Ausdruck des Verständnisses von Ensinger zu diesem Raum: Aussen am Münster gibt es eine klare Sonnen und eine klare Schattenseite – wie im realen Leben. Wer im Mittelalter in ärmste Verhältnisse geboren wird, dürfte es sehr schwer haben, den Weg aus der Schattenseite des irdischen Daseins zu schaffen. Im Innern dieses Rau-

mes, der als Heiliger Raum gedacht ist, gelten aber andere Gesetzmässigkeiten: Hier gibt es keine Sonnen- und keine Schattenseite, jeder Teil des
Baus erhält im Verlauf des Tages einmal direktes Sonnenlicht.

Am Abend dann die Umkehrung: durch die Turmhalle, in der seit
1728 die grosse Orgel steht, scheint das Abendlicht und wirft eine Licht-
linse ganz nach vorne in den Chor, dort wo bis zur Reformation der
Hochaltar (und seither der Taufstein) steht. Auch am Ende unseres
Ganges durch das Leben scheint uns das Licht Gottes und führt uns zu
ihm hin; der Tod ist nicht das Ende.

Abb. 7: Abendsonne über der Hauptorgel. (Foto: Felix Gerber)

2. Der Einfluss der Reformation

Inhaltlich und strukturell brachte die Reformation einen gewaltigen Umbruch, der sich 1528 mit dem Bildersturm auch in der Raumausstattung niederschlägt:

Der Hochaltar wird demontiert und an seine Stelle etwas später der Taufstein gesetzt, aus sämtlichen Nischen werden die Heiligenfiguren entfernt, die Familienaltäre verschwinden von den Säulen der Hochschiffwände und aus den Seitenkapellen, die Vinzenzenteppiche, die das Martyrium des heiligen Vinzenz zeigen, werden entfernt.

Die Vinzenzenteppiche finden sich heute zum Glück im historischen Museum Bern. Die Altäre und Heiligenfiguren hingegen wurden als Füllmaterial auf der Münsterplattform gebraucht, um die Gruben zu füllen, die durch das Aufheben des Friedhofes auf der Plattform entstanden.

1561 wird der grosse Abendmahlstisch vor dem Chorbogen aufgestellt. Die Tischplatte war die «Mensa» des Hochaltars in der Kathedrale Lausanne, die die Berner dort entwendeten, als sie per Dekret verfügten, dass im besetzten Waadtland der neue Glaube zu gelten habe.

Unberührt bleiben (glücklicherweise) die Chorfenster, das Chorgewölbe mit den 87 lebensgrossen Halbbüsten als Schlussstein (worunter viele Heiligenfiguren) und mehrheitlich das Hauptportal: lediglich die grosse Figur zwischen den beiden Türen des Hauptportals wird (im Jahr 1575) durch eine Justitia ersetzt; allerdings durch eine etwas besondere Justitia: sie trägt keine Augenbinde und statt dem Gesetzesbuch ein Schwert und sie zeigt ein Bäuchlein. Ob dieses Bäuchlein ein Anklang an ihre Vorgängerfigur sein soll, die möglicherweise eine Marienfigur war? Es bleibt bis heute ungeklärt, ob es in der Tat eine Marienfigur oder gar die Figur des heiligen Vinzenz von Saragossa war, dem Schutzpatron der Stadt Bern, dem auch das Münster geweiht war, das seinetwegen auch den Namen «Vinzenzenkirche» trug.

Die Werkleute des Mittelalters bauen einen «heiligen Raum». Es bleibt ihnen dabei keine Wahl, auch ein heiliger Raum ist mit irdischem Baumaterial zu bauen. Allerdings: durch das Behauen des Steins zu Figuren, Konsolen, Baldachinen, Blendmasswerk etc. und durch das Bemalen der Innen- und Aussenwände werden die Baumaterialien sozusagen entmaterialisiert und der Raum idealisiert. Dies ist noch heute an Aussen- und Innenwänden ablesbar, unter anderem im Hauptportal und in der Erlach-Ligerz- sowie in der Ringoltingen-Kapelle: selbst unverzierte, flächige Mauerabschnitte werden mit idealisiert dargestellten Mauersteinen und Mörtelfugen übermalt.

Abb. 8: Diesbachkapelle, übermaltes Wandbild (Mariä Verkündigung),
teilweise vom Restaurator hervorgeholt. (Foto: Felix Gerber)

Nach dem Bildersturm der Reformation werden zwar sämtliche Wandgemälde übermalt, aber dieser Idealisierungsgedanke aus der Bauzeit des Münsters wird übernommen und idealisiert dargestellte Mauersteine und Mörtelfugen über den Wandbildern aufgemalt. Als heilig wird der Raum seit der Reformation nicht mehr betrachtet.

3. Ansprüche der Gegenwart

Waren es im Mittelalter im Minimum jährlich etwa 2 600 Messen, die im
Münster gefeiert wurden (davon machen allein schon die täglichen sieben Messen über 2 500 Veranstaltungen aus), so sind es heute noch immer über 1 200 Veranstaltungen pro Jahr. Diese setzen sich wie folgt
zusammen:

- Etwa 120 Gottesdienste, Vespern und Sondergottesdienste
- 50–80 Hochzeits- und Abdankungsfeiern
- 30–40 Meditationen
- 70–90 Konzerte
- Der Rest sind Führungen, Lesungen, Konzertproben, Sitzungen
  in den Sakristeien etc.

Der Orgelunterricht ist in den obigen Zahlen nicht enthalten.

Aus dieser veränderten Nutzung ergibt sich eine ganze Reihe von
Ansprüchen an den Raum, wie sie während und nach der Bauzeit – bis
weit über die Reformation hinaus – so nicht existierten:

- Gottesdienst- und Konzertbesuchende erwarten heute, dass der
  Raum im Winter beheizt und so beleuchtet wird, dass Liturgie-
  blätter, Kirchengesangbücher und Konzertprogramme gelesen
  werden können.
- Chöre und Orchester erwarten, dass sie auf bequemen und
  klanglich unterstützenden Chorpodesten singen und etwas er-
  höht musizieren können und eigentlich möchten sie auch Stell-
  wände, die die Klangabstrahlung unterstützen.

Im Münster wurde in den 1880er-Jahren eine Kohlenheizung eingebaut.
Doch wenn man einen Raum beheizt – im Berner Münster geschieht
dies heute mit einer Warmluftheizung – so reduziert sich darin die absolute und die relative Feuchtigkeit. Holz (Mobiliar, Orgeln), Leder (Orgeln), Sandstein und die Ziegelsteine der Gewölbe reagieren und geben
Feuchtigkeit an den Raum ab. Mit dem Effekt, dass dieses Material dabei
schrumpft. Beim hölzernen Mobiliar halten sich die Auswirkungen in
Grenzen, es «giert und knarrt» einfach etwas mehr als sonst. Aber Orgeln
werden undicht, Teile der mechanischen Spiel- und Registertraktur kön-

nen klemmen und die gemauerten Gewölbe senken sich ab resp. verformen sich: ihr Scheitelpunkt senkt sich. Im Falle des Hauptschiffgewölbes des Münsters hat sich der Scheitelpunkt laut Messung der Münsterbauleitung gegenüber dem Ursprungszustand um ca. 12 cm gesenkt. Steigt nach dem Ende der Heizperiode die Luftfeuchtigkeit wieder an, saugen alle diese Materialien wieder Feuchtigkeit aus der Luft auf und vergrössern wieder ihr Volumen. Bei den Gewölben ergibt sich dadurch eine gewisse Rückbewegung des Scheitelpunktes nach oben, was einzelne Stücke des Fugenmörtels abstürzen lassen kann. Zum Glück geschehen Abstürze von Mörtelstücken fast ausschliesslich nachts, wenn das Münster leer ist. Aber auch so ist es eindrücklich, wenn aus über 20 Metern Höhe Mörtelstücke geräuschvoll auf den Kirchenbänken landen …

Und manchmal ist es gar nicht so einfach, engagierten Dirigenten zu erklären, dass ein umfangreicher Einsatz von Podestmaterial (insbesondere für einzelne Orchesterregister) den Raum «zermöblieren» würde und dass dies die optische Stille und Würde des Raumes und seine Symmetrien und damit seine sakrale Wirkung beeinträchtigt.

Das Podestmaterial des Berner Münsters ist nichtsdestotrotz relativ umfangreich, muss es doch (Oratorien-)Chöre mit bis 140 Sängerinnen und Sängern aufnehmen können. Gelagert wird das Material zusammengeklappt und so platzsparend wie möglich auf insgesamt 12 Transportwagen, damit es auf einfache Weise an den Ort in der Kirche gebracht werden kann, wo es eingesetzt werden soll und auch andern Kirchen innerhalb der Gesamtkirchgemeinde Bern ausgeliehen werden kann. Ein Einlagern an einem Ort ausserhalb der Kirche würde Mietkosten für den Raum und Transportkosten generieren und kann im Winter bei Schnee und Eisglätte zusätzliche Schwierigkeiten bieten, weshalb das Podestmaterial im Münster gelagert werden muss. Hinzu kommen noch der Platzbedarf für gut 300 Stühle, Tische fürs Kirchenkaffee etc. Alles ist betriebsnotwendiges Material, das aber optisch den Raum beeinträchtigt.

Mit modernen Leuchtmitteln ist es glücklicherweise heute möglich, den Raum diskret und energieeffizient auszuleuchten. Im Berner Münster ist dies im Fall der Beleuchtung des Bereiches um den Abendmahlstisch und im hinteren Chor auf eine Weise gelungen, die auch von der Denkmalpflege als vertretbar angesehen wird. Handlungsbedarf besteht mittel-

fristig aber noch bei der Beleuchtung des Hauptschiffes und der Seiten-
schiffe, die dem Bau heute kaum gerecht wird.

Anlässlich grosser Konzerte halten sich im Münster mehrmals pro Jahr
gleichzeitig 140 Sängerinnen und Sänger, 70 Orchestermusiker und 1 300
Konzertbesuchende auf. Insgesamt also gut 1 500 Personen, maximal
jedoch gut 1 600 Personen: was für ein Gedränge vor dem einzigen
(Dienst-)WC in der Südwestecke des Münsters …
    Bei einer einstündigen Messe oder einem einstündigen Gottesdienst
hält sich der Bedarf danach in Grenzen, aber bei einem zweistündigen
Konzert mit Pause dazwischen sieht dies anders aus. Und heutzutage
müsste mindestens eine Toilette auch rollstuhlgängig sein. Ein Anbau am
Münster? Denkmalpflegerisch ein «no go». Ein Einbau innerhalb des
Münsters? Gar nicht so einfach, es fehlt ja heute schon an Stauraum,
Garderobenräumen etc. Optisch am besten wäre eine unterirdische Lö-
sung. Doch wer soll diesen siebenstelligen Betrag aufwerfen?

Aus allen Ländern der Erde besuchen Menschen das Berner Münster. Je
nach Wirtschaftslage, Wechselkursen, Wetterlage, Krankheitsepidemien
etc. sind es pro Jahr zwischen 800 000 und einer Million Besuchende,
davon ein wachsender Anteil in geführten Gruppen. Diese Gruppen –
eingeklemmt in einen engen Zeitplan – bringen Unruhe in diesen Raum
der Stille. Mit beschränktem Aufwand bringt man einen Teil dieser Unruhe unter Kontrolle:

–   Zurückhaltende künstliche Raumbeleuchtung
–   Eine leuchtende Kerze auf dem Abendmahlstisch
–   Fotografier- und Filmverbot in der Kirche: «Schauen Sie mit
    ihrem Herzen»

Und um auch die weniger Sensiblen unter den Besuchenden höflich auf
die nötige Ruhe hinzuweisen, und um Sachbeschädigungen zu vermei-
den, braucht es eine dauernde Aufsicht im Raum. An den besucher-
stärksten Tagen gar zwei Aufsichtspersonen.

Und auch die Anforderungen von Gesetzgebern und der Gebäudeversi-
cherung an die Sicherheitsmassnahmen steigen:

Es braucht eine Notbeleuchtung, die im Falle eines Stromausfalles eine ruhig ablaufende Evakuation ermöglicht. Es braucht Schulungen des Personals in Erster Hilfe inkl. Einsatz eines Defibrillators, es braucht Schulungen für die Evakuation, für den Sprechfunk mit digitalen Funkgeräten, Schulungen in der Bedienung der Brandmelde- und Einbruchalarmanlage, Schulungen im Gebrauch von Checklisten für Notsituationen, Schulungen für den Einsatz als Türhüter bei Konzerten und grossen Gottesdiensten (ausgerüstet mit Mappen, die das wichtigste Evakuationsmaterial enthalten) etc.

Das erforderliche Personal, seine Schulung und Führung generieren Kosten. Es sind keine Luxuslöhne, die die Kirche bezahlt. Aber die Kosten für das Personal des Münsters, die Beleuchtung und Beheizung und für alles notwendige Betriebsmaterial läppern sich zusammen: es sind pro Jahr gut 900 000 CHF, zusammen mit den derzeitigen Investitionen der Gesamtkirchgemeinde Bern in den Substanzerhalt gar etwas mehr als 1,2 Mio. CHF.

Etwa 350 000 CHF fliessen in Form von Einnahmen aus Raumvermietungen und Turmeintritten zurück an die Ev.-ref. Gesamtkirchgemeinde Bern: Dies ergibt einen Kostendeckungsgrad von keinen dreissig Prozent.

Natürlich, es ist nicht primäre Aufgabe der Landeskirche, kostendeckend oder gar Gewinn abwerfend zu arbeiten: von andern Dienstleistungsbetrieben wie der Feuerwehr oder der Sanität würde dies auch niemand verlangen.

Jedoch: jeder Franken, der ausgegeben werden soll, muss zuerst irgendwo erarbeitet werden. Die Landeskirchen verlieren an Mitgliedern, weshalb die Einnahmen aus Kirchensteuern rückläufig sind, wodurch der Druck auf Löhne resp. Stellenprozente und Liegenschaften steigt:

–   Die Räume des Kirchgemeindehauses und die Kirche sollten zusätzlich ertragsbringend vermietet werden, auch wenn dies etwas zusätzlichen Personalaufwand, zusätzliche Einschränkungen in der Eigenbenützung durch die Kirchgemeinde und vor allem zusätzliche Betriebsamkeit in den Raum der Stille bringt. Doch da kommen Grenzen: nicht jeder Anlass passt in diesen Rahmen. Und wo nun genau diese Grenzen liegen, dies ist manchmal gar nicht so einfach zu entscheiden. Und nicht nur wegen des Geldes: rasch handeln sich die Verantwortlichen den Ruf verklemmter Rückständiger ein, die sich breitem zeitgenössischem, kulturellem Leben verschliessen würden.

– Durch Diversifizierung der Einnahmen sollte die starke Abhängigkeit von den Steuereinnahmen reduziert werden. Was verkauft sich am besten in unserer Informationsstelle? Nicht der dicke, wissenschaftlich-kunsthistorische Band über den Skulpturenfund im Boden auf der Münsterplattform, sondern «der Kitsch und Plunder»: je kitschiger, desto grösser die Nachfrage der Touristen und desto grösser auch die Marge. Und wo genau der «Kitsch» beginnt, auch darüber lässt sich vorzüglich streiten.

Damit sind wir bei einem Thema angelangt, das bisher in der Kirche noch viel zu stark als Tabu galt. Das Geld. Da hat die Kirche – zumindest die evangelisch-reformierte – Handlungsbedarf: die Kirche muss erst lernen, übers Geld zu reden. Geld als verantwortet eingesetztes Werkzeug, nicht als Selbstzweck.

Zwar sind alle kirchlichen Leistungsträger mit Nachfragen nach kirchlichen Dienstleistungen und Arbeit überhäuft und man/frau nimmt selbstredend gerne am 25. des Monats seinen Lohn entgegen. Aber selber Massnahmen zu ergreifen, um dem zunehmenden finanziellen Würgegriff infolge Mitgliederschwund der Kirche etwas entgegenzusetzen oder dies schon nur zuzulassen, da sind sofort Bedenken zu Stelle, die zum Beispiel in der Geschichte von Jesus' Tempelreinigung gründen (Vertreibung der Händler und Geldwechsler aus dem Tempel), die in den Evangelien von Matthäus, Markus, Lukas und Johannes zu finden ist.

Sicher, es kann nicht darum gehen, einen Bau wie das Berner Münster zu einem Konsumtempel oder gar luxuriösen Privatwohnungen umfunktionieren zu wollen. Um diesem Raum, seiner Bestimmung sowie auch den Absichten seines Planers auch zukünftig einigermassen gerecht zu werden, setzt dies aber voraus, dass nicht nur die Art seiner Nutzung und seine bauliche Pflege sehr sorgfältig diskutiert werden, sondern auch, dass nach neuen und passenden Wegen gesucht wird, wie seine Nutzung und seine Pflege auch in Zeiten schmerzhaft knapp werdender Mittel sichergestellt werden kann.

Im Mittelalter war es die Finanzierung des Bauvorgangs, in der Gegenwart und näheren Zukunft liegt die Herausforderung in der Finanzierung der adäquaten Pflege und der qualifizierten kirchlichen Angebote.

Oder sollen Hinweisschilder wie zum Beispiel «Geschlossen wegen Steinschlags» oder «Privat: betreten verboten» für solche Bauten eine Perspektive sein?

Autorinnen und Autoren

Dörte Gebhard, Pfrn. Dr. theol., geb. 1972, Privatdozentin für Praktische Theologie an der Theologischen Fakultät der Universität Zürich, Pfarrerin in Schöftland.

Felix Gerber, lic. rer. pol., geb. 1966, Betriebsleiter und Sigrist am Berner Münster.

Martina Guhl, Dipl. Arch. ETH / Master of Science DUK (Psychotherapeutische Psychologie), geb. 1968, Architektin, freie Autorin und Dozentin.

Simon Hofstetter, lic. theol., geb. 1981, Assistent der Dozentur für Diakoniewissenschaft an der Theologischen Fakultät der Universität Bern und Beauftragter für Recht und Gesellschaft beim Schweizerischen Evangelischen Kirchenbund SEK.

Elisabeth Jooß, Pfrn. Dr. theol., geb. 1973, Pfarrerin in Stuttgart-Riedenberg.

Anja Kruysse, Theologin und Ausbilderin, geb. 1967, Verantwortliche des Pilotkurses «Rundgang in Geschichten».

Antje Rösener, Pfarrerin, geb. 1961, Studienleiterin und stellv. Geschäftsführerin im Ev. Erwachsenenbildungswerk Westfalen und Lippe e. V. in Dortmund, Schwerpunkte: Kirchenpädagogik, Spirituelle Kompetenz, interkulturelle Theologie.

Christoph Sigrist, Pfr. Dr. theol., geb. 1963, Privatdozent für Diakoniewissenschaft an der Theologischen Fakultät der Universität Bern, Pfarrer am Grossmünster Zürich.

Andreas Vogel, Dr. phil., geb. 1968, Kunsthistoriker, Rektor F+F Schule für Kunst und Mediendesign Zürich.